て私も音楽になった

サウンド・アッサンブラージュの人類学

小西 公大【編】

〈序章〉「音楽の力」を取り戻すための試論　小西公大　6

第1部　つながる（媒介）

〈第一章〉音が編み込む力
――インド・タール沙漠の芸能世界が教えてくれたこと　小西公大　38

〈第二章〉「見せる場」から「音楽とともにいる場」へ
――ウガンダの学校と盛り場で　大門碧　64

〈第三章〉音を継ぎ合わせる「視線」
――インドの歌舞踊ラーワニーの舞台実践から　飯田玲子　98

第2部　うみだす（創造）

〈第四章〉醸される島の音の力
——三宅の声と太鼓が生み出すアッサンブラージュ　小林史子　124

〈第五章〉つながりを手繰り寄せる／選り分ける
——社会的存在としてのチベタン・ポップ　山本達也　146

〈第六章〉調を外れて響き合うトーンチャイム
——サウンド・アッサンブラージュの授業風景　石上則子　170

第3部　つたえる（継承）

〈第七章〉制度と情動をめぐる相剋
——東北タイのモーラム芸能にみる暴力・性・死　平田晶子　200

〈第八章〉一切をつむぎ、交感するアッサンブラージュの力
——高知におけるガムランプロジェクトの実践を通して　宮内康乃　230

〈第九章〉媒介、愛着、継承
——ソロモン諸島アレアレにおける在来楽器アウをめぐって　佐本英規　264

〈補論〉仮想空間で音楽になること　小西公大　288

おわりに

〈序章〉

「音楽の力」を取り戻すための試論

小西公大

イントロ――スナックを「音楽する」

「音楽の力」ってなんだろう?

本書は、世界各所で音楽・芸能世界に向き合ってきた人類学者たち、音楽教育の実践者たち、作曲家などによる「音が生み出される場」の豊かな描出を通じて、上記の問いに言葉を与えようともがく、そんな本である。

本題に入る前に、読者の皆さんをとある舞台(実話)に招待したい。

東京の周辺部にある小さなスナック。カウンター席がいくつか、それにソファーがあしらわれたテーブル席が3つの、小さな空間。お年を召したママとフィリピン出身のチーママが、満席となったこの店で、常連客を豪快にさばいている。カラオケのリモコンがこの小さな空間を飛び交い、マイクを持った客たちがお酒を片手に、思い思いに好きな曲を歌っていた。どこにでもある、場末のスナックの一場面だ。

入り口脇のソファー席には、おそらく一見さんの二人の女性客が、ひっそりと肩を並べて仲睦まじそうに語り合っていた。そして彼らは回ってきたマイクを握り、交互に歌い始めた。曲は、竹内まりやの「人生の扉」。静かな駅前の商店街に響くほどのスピーカー音量が、店内に貼ってあるポスターをビリビリと振動させる。

他の常連客は、その音に負けじと大声で会話を続けていたが、いつの間にかこの二人の女性客の曲に聞き入り始めた。二人の女性客は途中で声を詰まらせながら、また目に涙を溜めながら、人生の軌跡の美しさを描出したその曲を、なんとか歌い終えた。その場にいた私は、二人の歌う姿を見ながら、どうしようもなく胸を打たれ、もらい涙をしてしまった。ふと見ると、数分前まで各々の対話を楽しんでいた他の客やママが、一様に目を潤ませて、モニターに釘付けになっているではないか！

その後、歌を歌った女性客を囲んで、話の輪が生まれていったこと、つまりこの小さな空間がバラバラなベクトルを包摂する場から、濃密な関係・対話が凝集された場へと変化したことは、いうまでもない。

聞くところによると、二人は20年ほど前にロンドンでそれぞれ生活をしており、当地で共に支えあった仲だったという。時を超え、SNSで偶然に繋がった二人は、久々に東京で再会し、一通り旧交を温めてから、この店にふらりと立ち寄った。再会の喜びと、連絡を取り合っていなかった間の、ながい人生の軌跡をシェアした二人が選んだ曲が、「人生の扉」だった。二人の思いと、歌に込められたメッセージ、マイクに乗って響く二人の声、それが振動する小さな空間、そしてその歌声に状況もわからず共振し、もらい涙をしてしまった店内の人々。

このスナックで起きた小さな出来事は、日常的にどこでも起こりうる瑣末なもので、いい思い出として記憶の片隅にひっそりと残されていくものだろう(もしくはあっさりと忘れ去られてしまうような物語だろう)。しかしよくよく考えると、人と人が、人とモノ、モノとモノが、はみ出しあい、混ざり合い、つながり合って、その複合的なチカラが偶発的に発揮された、実はすごく奇跡的で抒情的な瞬間だったようにも感じられる。

音楽の力とは、このようなものではないか。

小さな空間と、カラオケ機材とスピーカー。集まった客に、切り盛りするママ。竹内まりやの楽曲と、そこに込められたメッセージ。耳に響く振動と、モニターに映し出された映像と歌詞。これらのバラバラのアクターたちが音を媒介として接合し、この奇跡的な時間と情動と関係性を生み出し、力を持ってしまった。何か一つ欠けても成立しないような（例えば、途中でマイクが壊れたり、空間が広すぎたり、お客の数が多すぎたり、選曲が激しめのロックだったりなど）、場を構成するモノたちの絶妙な組み合わせが、この小さな感動の時間を創造したと考えられないだろうか。その証拠として、僕は竹内まりやの楽曲に親しんでいたわけではなく、ファンでもない。きっと私は、この曲がラジオでかかっていたとしても、涙を流すようなことはなかったはずだ。つまり心を揺さぶったのは、楽曲そのものではなく、その場を構成するすべてモノたちの重なり合い混ざり合いを生み出した媒介能力であるところの、「音楽の力」なのである。

本書は、このような力が生まれる「場」の力学を包括的に表現するために、「音楽」の持つ意味を大きく拡張していきたいと考えている。この場合「音楽」は、竹内まりやの一つの楽曲を意味するだけにとどまらない。楽曲にのみ着目することは、音楽を流通可能な消費のオブジェクト（物象）として、また分析可能な対象として、「モノ」化する発想だ。音楽とは、作品そのものに本来備わっている特質・構造・意味／メッセージだけでなく、それがあらゆるアクター（表現者・オーディエンス・空間や環境・音楽プレイヤーや音響機材・人間の身体／心情や音をめぐるコンテクストなど）をつなぎ合わせ、一つの塊のように統合させようとする力のことではないか。その意味で音楽は、「モノ」ではなく「コト」であり、固定化された対象ではなく生成する現象であり、それが生み出してしまった「力」であり、そしてあらゆるものを包摂しながら変動し続ける「場」そのものを指すことになるだろう。

サウンド・アッサンブラージュへの誘い

私たちは日常的に、このような「音楽という場」を生み出し続けている。休日のドライブで、車内に流れるお気に入りセレクトの楽曲たちは、運転から得られる高揚感や流れる車窓、休日の開放感、家族や恋人、友人たちとの一体感と共にある。出勤中の朝の電車の中だって、イヤホンを通じて流れてくるサウンドは、混雑からくる窮屈感や車内放送、ぶら下がり広告の文字、頭をよぎる今日のスケジュールなどと共にありながら、いつもの見慣れた世界に彩りを与え、少しばかり心を揺さぶる場を創り出してくれる。プレイヤーや音響機器がなくても、私たちは脳内にふと浮かぶリズムやメロディを反復したり、鼻歌を歌ったり口笛を吹いたりしてしまう。そして、こうした気軽な行為が、私たちの日常にリズムを与え、メッセージの交換を促し、ささやかな「力」を発揮しながら生活を支えてくれている。

このように音楽は、あらゆるものを編み込こんでいくプロセスそのものなのだ。当然、「私」も編み込まれる多様な存在の、一つになる。「私」も、音楽の一つになるのだ。本書のタイトルは、そのような思いを込めた。

さて、この多様な要素が複雑に絡み合って一時的に現れるような時空間を、音楽学者スモールに倣って「ミュージッキング」[1]、つまり「音楽する」ことで生まれた「場」＝諸関係が編み込まれていく「場」とするならば、「音楽の力」へと接近するためには、徹底的にその編み込みのプロセスとその動態を注視する必要がある。音楽は、人間の意志によって創り出されるものではなく、偶然あらわれた「出会い」がもたらしてくれる「カタチなき現象」であって、事後的にしか語ることができないこと＝現象なのだ。本書では、音楽という、生まれては消えていく編み込

1　スモール、クリストファー 2011『ミュージッキング：音楽は〝行為〟である』野澤豊一，西島千尋（訳）、水声社。

み／編みこまれの動態を、「サウンド・アッサンブラージュ」[2]という概念をキーワードにしてその可能性を捉えてみたいと考えている。

アッサンブラージュは、「寄せ集め」「組み（紡ぎ）合わせ」を意味するフランス語から生まれた概念だ。アート用語として50年代から盛んに用いられた概念で、様々な素材との対話を通じて、立体的なコラージュを生み出していく手法のことだ。これが転じ、現代思想の世界では、多様な要素（モノと人間、環境、意味など）が相互作用を生み出しながら、異種混淆の複合体を一時的に構築してしまう、そのような現象を表すようになった。さまざまな人・モノ・条件が重なり合って生み出されてしまう、躍動感のある現象のことだ。「サウンド・アッサンブラージュ」は、特に「音楽」が生み出してしまう複合的な現象を指している。

こうした発想を与えてくれた人の一人に、ジョージナ・ボーンがいる。

2　サウンド（英語）とアッサンブラージュ（仏語）を組み合わせたこのチグハグな造語は、その異質なものの齟齬の重なりあい、編み込まれの妙を表すのに適していたので、執筆陣が話し合って、あえてそのままにした。何かこの収まりの悪い、奇妙な接合は、それでも発音した時に、なんともいえない心地よさを感じてしまうのは、筆者だけであろうか。少なくとも「サウンド・アッセンブリッジ（共に英語）」よりは美しい流れを感じてしまうような気がするのである。

私は（音楽の）アッサンブラージュを、ある音楽文化や歴史的時代に特徴的な媒介（音、言説、視覚、人工物、技術、社会、時間）の特定の組み合わせと定義している[Born 2005][3]。

音楽とは、ここにあげられたような諸要素を組み合わせつつ、立体コラージュを作り上げるような「媒介（mediation）」の力をもつものであり、まさにこの媒介作用による創造の力そのものなのだ。その意味で、音楽とは本来「名詞（音楽というもの）」ではなく、「動詞（音楽すること）」である。絶えず蠢《うごめ》き続けるアメーバ体のように、そこにあるもの全てを包み込んでいく光や風のように、ヒトの情動やモノの躍動を引き寄せてしまう磁石のように、そこに「ある」のではなく、その媒介現象が起きる力の源泉そのものとして認知されてはじめて、「音楽」はその存在を浮かび上がらせる。だから、「私」はその力を感じた後にしか、それを把握することができない。音楽は、事前（アプリオリ）に存在するものではなく、事後的（アポステリオリ）に掴み取ることができ

3 Born, Georgina 2005 "On Musical Mediation: Ontology, Technology and Creativity", Twentieth Century Music, 2(1), pp.7-36.

るものだ。前述のスナックの例では、竹内まりあの楽曲そのものが音楽なのではなく、そこにある（いる）全てが交感しあった、あの瞬間こそが「音楽」だったのだと、私たちは語り合うのだ。

そう、音楽は「語り」のなかにしかあり得ず、逆説的に「語り」からは常にすり抜けてしまうようなものだ。語ることでその存在は浮かび上がってくるが、それが語られている時にはすでに別の形になってしまうような、刹那的で一回性を持つものなのである。スナックでの出来事は、言葉にすればそのような場が生まれたことを回想・叙述できるが、もう一度体験しようとしてもすることができない。似たような現象に飲み込まれることはあっても、それは「スナックで起きたあの現象」とは、やはり異なるものなのだ。

美術作品ならば、その形状や構造を持続させるためのあらゆる技術が必要とされるだろう。写真ならば、その一瞬の光が生み出す陰影を、フィルムや光学センサーに「記録」することに没頭することができる。それと同様に、音楽も録音や映像として記録することは可能だ。しかしそれは、あくまでもその世界を構成する断片が、音声や光の派生情報として保存されるに過ぎない。「音楽」が媒介するものの多様さを考えてみたら、そこで記録され残されるものが、編み込まれた世界のあまりにも微々たる一側面であることに気づくだろう。何度もいうが、「音楽」は掴み取ることができないものである。そこにあるのは、感じ取ってしまう人の存在であり、それを抽象概念である「音楽」として言語化しようとする人々の営為だけなのだ。

しかし一方で、うつりゆくサウンド・アッサンブラージュは、結果的に「力」を持ってしまう。あらゆるものを接続して組み合わせてしまうその媒介の力が、飲み込まれたヒト・モノ・空間を変化させたり、突き動かしたりしたり、私たちの認識のあり方すら変えてしまったりする。この力こそ、「音楽の力」として語られ、利用されてきた力だ。本書では、この語り得ぬものでありながら、特定の力を持ってしまう音楽の、その力の生成過程（＝アッサンブラージュ）に着目しつつ、それを「豊かさ」に向けた可能性の源泉として、なんとかその魅力を掴み取ろうと試みている。それは、言語化できないものをあえて語ろうとする、あまりにも無謀な試みかもしれない。しかし、これまで音楽として語られてきた射程をはるかに拡張し、思いきりズラしながら拡散し、音楽の持つ豊かな力に新たな光を当てようとする、実験的で創造的な試みの一つであることに、間違いはないだろう。

本書が生まれた背景

なんでこんな思弁的でややこしいことを本にしなければいけないのか？　と思われたかもしれ

ない。音楽は感覚で楽しむものであって、言葉で捉えようとするものではない、と。そう、私たちは、いつの間にかこの音楽というものを、娯楽のように日常的に楽しむ生活の余剰のような嗜好品として扱う発想を染み込ませてしまった。この感覚が最も悪しき形で顕在化したのが、コロナ禍だったと思う。

耳にタコができるくらい口にされた「不要不急」という言葉。エッセンシャル・ワーカーへの賛美と医療に携わる人々への感謝が世界を覆い（それ自体は悪いことではない）、社会を動かすインフラストラクチャーと人間の健康を維持・回復するための、削ぎ落とされた行為のみが重視され、私たちは「音楽する」ことを「不要」なこととして退けることを是とした3年間。音楽ホールやライブハウスや音楽スタジオは閉鎖され、BGMがかかる飲食店も閉店し、ストリートからミュージシャンが消えた。「音楽する」、つまりサウンド・アッサンブラージュを生み出すための装置であった、あらゆる世界にNOを突きつけ、私たちはデジタル化された音や映像の前に、孤独に商品としての音楽コンテンツを消費することを余儀なくされた。

もちろん、私が孤独であっても、音楽の力は発揮される。しかし、そこには人の気配がなかった。ヒト・モノ・空間が混ざり合い、身体と情動を躍動させるあの現象は、閉じた部屋と小さな画面に起きる消費される記号へと還元されてしまった。この状況は、私たちの生きていく力を得るための、とても重要な機会を失わせるものになる。私はいてもたってもいられず、ヤフーニュースに音楽業界の現状を伝え、少しでも音楽の持つ意味の再考を迫ろうと思った。少し引用しよう。

そもそもこれまでの音楽業界の戦略とはどのようなものだったでしょうか。グレイトフル・デッドのマーケティング方法を出すまでもなく、レコードやCDアルバム（シングル）などのパッケージ化された「モノ」としての商品で採算を取るのではなく、それらを限りなくフリーに流通させながら、（ライブやフェス、握手会、トークショーなどの）「コト」としての経験によって収益を上げていくような仕組みが構築されてきました。したがって、YouTubeなどで視聴できるデジタルコンテンツは、あくまでもプロモーション用のサブキャラであり、実際のライブ経験やアーティストとの触れ合いこそがマネタイズのメインを構成してきたともいえます。

しかし、withコロナの時代には、このコトとしての経験が得にくいものになり、プレミアがつくものになっていくと予想されます。パソコンやテレビの画面では得ることのできない臨場感や、他のオーディエンスとの触れ合い、身体に響く爆音や、アーティストと空間を共有しているという幸福感。私たちは、音楽をコンテンツとして消費することに長けてきた一方、音楽空間における言葉にならない要素たちを享受する経験主義者にもなっていたということです。コロナ禍は、その音楽空間の持つ重要な意味を、今一度私たちに問いかけ、再考を迫ってきます。[4]

急遽大ホールの音楽フェスから、個室でのライブ映像の配信へと切り替えられたTokyo Jazz+2020で、ジャズピアニストである上原ひろみさんが画面越しで語った、「やっぱり私は生のライブが好き」「同じ空間で人のエネルギーを感じてライブがしたい」という言葉に、全てが凝縮されていたと思う。もちろん、コロナ禍がもたらした逼迫した音楽の世界には、デジタライズされた新しい技術や空間が登場し、私たちの音楽聴取の選択肢を広げてくれた面もある。しかしそれらは「個人消費」という名の限定的な世界での話なのだろう。サウンド・アッサンブラージュは、アーティスト×オーディエンスという枠組みを超えた、もっと多くのヒトやアクターが重なり合って、膨大な力を増幅させていく。そこに、私たちの生きていくための躍動の源泉を感じるための、重要なヒントが隠されている。それは「不要不急」という言葉では片付けられない、「生命の根源」に関わる、最重要テーマであったはずだ。

こうした思いも手伝い、かねてより人類学者と音楽関係者がつながり合って研究してきた「音

4　小西公大「with コロナ時代の音楽の幕開け：Tokyo Jazzからみた「ライブ」の可能性」(Yahoo! ニュース、2020年5月25日掲載)

楽の力」をめぐる研究グループである私たちが、コロナ期の経験を受けて改めて音楽をめぐる表現を、多くの読者と共有したいと思うようになった。これが、本書が生まれた大きな理由の一つである。

音を編む存在としての人間＝ホモ・カントゥス

かくして私たちは、音楽の力をめぐる表現へと帆を進めることとなった。しかし、そもそも「音楽」とはどのようなものとして、これまで表現されてきたのだろう。

神経科学者マーリン・ドナルドは、声の調子、表情、目の動き、手ぶりなど、パターン化した（ときには連続した）身体のさまざまな動きを、言語が生まれる前夜の表象行為（＝ミメーシス）として捉えた。[5] 人類学者川田順造は、息や声によるコミュニケーションが生まれた背景として、①枝渡りに伴う「息こらえ（air tapping）」の能力が前提となり、②直立によって発生器官である声帯が下がり、③口腔後部の構音器官が発達して声を分節することが可能になった過程を明ら

5　ドナルド、M. 2004「運動進化の優位性と模倣的言語起源」『科学』74（7）、pp. 878-881、岩波書店。

かにしている。[6] この音声の分節化と概念思考との形成が関連し、人類は音を使用した高度なコミュニケーション能力を手に入れたのだ。考古学者ミズンは、この技法を駆使した精巧なメッセージの交換を「Hmmmm」コミュニケーションと呼び、「歌うネアンデルタール」の姿を浮かび上がらせた。[7] これが音楽の起源だという。音楽は、原初的な模倣とコミュニケーションへの意思から生まれたという。そしてこの世界を音で媒介させる力こそが、氷河期などの環境変動を超えて生命の存続を可能にしたものだという。

西洋古代史では、「ミュージック」の語源を、古代ギリシャ神話で登場するムーサ（ミューズ）なる女神たちに求めている。このパルナッソス山に住まう美しい九人の姉妹は、詩歌を生業とする人々に霊感を与え続けた。音を編む現世の人々に、霊的な力を授けつづけた、特別な存在なのだ。編まれた音と霊的な力の不可分な関係。音を紡ぎ出そうとする力と、生み出された音が力を持ってしまうこと。力は混ざり合い、編み込まれて、さらなる力となって下界へと降り注ぐ。ここで音楽は、超自然のエネルギーと人間を媒介する力として登場する。音楽とは媒介を生み出す聖なる力であり、下界＝人間社会を構成するために必要な方途としても捉えられるだろう。

6　川田順造 2011「ヒトの全体像を求めて：身体とモノからの発想」『年報人類学研究』第1号。

7　ミズン、S. 2006『歌うネアンデルタール：音楽と言語から見るヒトの進化』早川書房。

音楽生理学の福井一は、音楽という存在の謎（エニグマ）に対し、「音楽的情動」と脳（とりわけ大脳辺縁系）との関わり、ひいてはそこから生まれる生理現象への影響を科学的に解明しようとした。[8] 面白いのは、音楽の科学的解明への道筋は始まったばかりであり、音楽なるものが影響する脳機能や神経系と生化学物質（ホルモン）との連関（道筋）が見えはじめているとはいえ、まだわからないことが多すぎるという主張だ。一方で「文字のない文化はあっても、音楽のない文化はない」という言葉で表現されるように、普遍的存在として音楽を捉え、その「力」の社会的影響にまで視野を広げていく姿勢に共鳴させられてしまう。とりわけ人間の進化の過程で、社会構造が複雑化していくなかで増大するストレスに対応するためのホルモン・コントロールの必要性と音楽という存在を結びつけていく主張は興味深い。

なぜか音楽が生み出してしまう「安らぎ」や「喜び」「連帯感」という力に気がついた人類が、性行動や攻撃性の抑制、社会化の促進などに、生き残りをかけた戦略を見出していったとする考え方だ。音楽がもたらす現象が「個人－社会」関係と不可分な関係にあることを表現している。まだまだわからないことだらけの音楽の科学的探究は、間違いなく人間の質的研究とも連動しな

8　福井一 2010『音楽の感動を科学する：ヒトはなぜ〝ホモ・カントゥス〟になったのか』化学同人。

がら行われるべきものだろう。

一方で、民族音楽学者トマス・トゥリノは、音楽が人をつなげ、社会を作るのではなく、「音楽こそが社会であり、社会は音楽」だと主張する。彼は音楽を、特定の芸術形式のことを指すのではない、という。「人間であることや、人間であるために必要なさまざまなことがらを実現」させるような、「特殊なタイプの活動」につけられたラベルが、「音楽」なのである。[9]

この本の核となる主張は、音楽がある特定の芸術形式のことを指すのではないということ、人間であることや人間であるために必要な様々な事柄を実現する、特殊なタイプの活動につけられたラベルが「音楽」なのだ、ということだ。もっと根源的な言い方をすれば、音楽的活動への参与やその経験は、本来あるべき個人的・社会的な統合を実現するのにこのうえなく重要な過程なのである（トゥリノ 2015: 17-18）。

社会的紐帯、自己の統合、可能世界の想像、現実世界とフロー経験を実現する参与型パフォーマンスのポテンシャルが誰のどんな活動にも開かれている (ibid.: 382)。

9　トゥリノ、トマス 2015『ミュージック・アズ・ソーシャルライフ：歌い踊ることをめぐる政治』水声社。

トゥリノは、明らかに音楽現象のなかに「参与すること」、つまり音の世界に没入していくことの可能性を見いだした。面白いのは、この「参与」へと突き動かしているのは、私たちの社会でみいだされる〈可能世界〉への指向性だ、という指摘である。〈可能世界〉とは、それまで行われてきた習慣化され退屈な〈現実世界〉と対置される、夢や欲望、希望、理想といった「生きる動機」と結びついた知覚の形式だ。この二つの指向性の相互作用こそが、私たちが社会を営む原動力となっている。そのバランスのあり方を顕在化し、現状の社会の維持と創造性のダイナミックな力の循環を生み出す行為こそ、「音楽をする」ということなのだろう。そしてこの力の循環を奪われたのが、コロナ禍の状況だった、と言えないだろうか。

私たちは、これらの議論を引き受けた上で、この「参与」が生み出す力にはどのような形がありうるか、参与が展開する際のアクターたちの複雑な絡み合い／編み込みの世界のミクロな観察と詳細が、「音楽の力」を理解するための最初の一歩だと考えた。きっとこの「参与」の形は、もっとバラバラなはずだ。集まってくる人も、それぞれの思惑も、集まるための文脈も、その場を作る様々なモノたちや環境も、集まったり、集められたり、交差したり、通過したり、ただそこにあったりと、「参与」の方向性や温度差がずいぶんと違うものだろうと思う。音楽が生み出される場では、それら全てに意味があり、全てがその力を生み出す主体となっているはずだ。ネアンデルタール人が環境と存在を模倣でつなげたように、パルナッソスで超自然の力と下界の人間が交流したように、サウンド・アッサンブラージュの力はあらゆる参与＝交感の世界へとつながっているのだから。

「音楽の力」を捉える三つのベクトル

サウンド・アッサンブラージュは、このように否応なく拡散と凝集が渦巻く「参与」の世界に我々を引きずり込む。そして、ある種強いエナジーを生み出してしまう。こうした力は、どのように「場」が構成されると、発揮されるのか。また、その力は人々にどのような影響を与えていくのだろうか。このエナジー（音楽の力）の創出を目論んだアッサンブラージュの空間構成と、その力の可能性を、より厚い記述でエスノグラフィック（民族誌的）に、かつ情動的に言語化してみようと試みることを、本書の狙いとした。森羅万象の「参与」のあり方から、その力を捉えようとする試みだ。

本書では、編み込まれた音楽空間の微細で臨場感のある記述をベースとしながら、そこから生まれる力を、特定の「力」のベクトルに沿って提示していこうと思う。というのも、ひとえに「音楽の力」といっても、一様ではないからだ。

サウンド・アッサンブラージュが巻き起こす力は多方におよび、それは決して音楽療法や情操教育、「癒し」のような機能性にのみ接続するわけではない。これまでの音楽研究を紐解くと、そこには科学・心理学・医学（脳科学）が主導して分析されるような、「音楽情動技術」の適用範囲が拡大していくような〈音楽の科学的合理主義〉が席捲してきた歴史が存在する（若尾2017）[10]。その営為は音楽の力を理解するために多くの示唆を与えてくれたが、一方でその方法論が依拠する合理性ゆえに、対象を限定し過ぎてしまう危険性や（人間への功利的影響に着目するような）人間中心主義に陥ってしまう危うさを持っている。

ここでは一度、そのようなモデルを棄却し、人間をも一つのアクターとして包み込むような、音楽を生み出す複数のアクターたちがフラットにつながり合えるようなものとして捉え直しつつ、そこで生起する力を微視的に観察しながら言語化を試みようとする、そんな方法論が必要とされるだろう。ただ一方で、サウンド・アッサンブラージュが生み出すエナジーは多方向に拡散しますよ、という結論に至ることは、何も言っていないことに等しい。私たちは世界中で観察し、

10　若尾裕2017『サステナブル・ミュージック：これからの持続可能な音楽のあり方』ARTES。

参与することのできた音楽が生起する場の姿を持ち寄り、その力の向く先をボトムアップ的に、帰納的に言語化する作業から始めた。そして暫定的に、3つの力として提示することで、ひとまず「音楽」という現象を捉えるモデルを構築しようとした。

それが、①つながる力②うみだす力③つたえる力、の3つだ。これらが「音楽の力」を網羅的に掌握するものではないことはよくわかっている。しかし、まずはサウンド・アッサンブラージュが巻き起こす動態を理解するための第一歩として、「音楽の力」の複数性を考えていくためのガイドラインのようなものとして、この3つの力を設定することは、思考のプロセスとして有意義なのではないかと考えている。

①つながる力（媒介）

動詞としての音楽は、まずもって、あらゆるもののつながりを生み出していく媒介としての力を持っている。そこでは、何が媒体となって、何がつなぎあわされていくのか。何を包摂し、何を排除するのか。人と人、人とモノのつながり、またそれらを超えた超越的な力や存在へと我々を導こうとする音楽の力は、身体感覚や感情を超えて、どこに接続しようとしているのか。ここでは特に音楽の狭義のメディエーション作用に着目し、具体と抽象を行き来する「つながり」の世界を覗いてみよう。

②うみだす力（創造）

サウンド・アッサンブラージュは、まずは何より「場」を生み出す力がある。そう、あのスナック空間のように。この場こそが、意味や行為を生み出し、また「社会」や「文化」と呼ばれるものを生成させてきた。まずは「音楽の力」を捉えるためには、多様な要素が編み込まれる場における多様なモノ・コトの応答と創造のプロセスに着目してみよう。そこでは、創造の過程にアクターたちの拮抗状況を見るかもしれないし、創造されてしまったものをめぐる、社会的なせめぎ合いも見出すことになるだろう。

③つたえる力（継承）

音楽は言語とは違い、直接的に何かを意味するコミュニケーションのツールではない。それが何かを伝えているとするならば、それはあくまでも事後的にメッセージが文脈に応じて個別に認識されて、把握されていくことに他ならない。だからこそ、捉えられた意味や解釈の幅が広く、ズレを生み出しながら「伝わり方」は増幅していくことになる。一方で、こうした伝える力をコントロールし、再現性のあるものに仕立て上げていく方法論が発達したら？　次世代に継承する過程で、アプリオリにメッセージが固定化されてしまったら？　音楽の力は、強烈な伝達力・伝播力を持つけれど、それが継承される場合には、その可能性が増幅されたり、他方でずいぶんと削ぎ落とされてしまうかもしれない。こうした音楽の力をめぐるアリーナの様相も見えてくるだろう。

本書が伝えたいもの——躍動感のある世界へ

本書は、クリストファー・スモールが提示した「ミュージッキング」概念、すなわち「音楽」はモノではなく、コトであり、名詞ではなく動詞であるとするショッキングな音楽をめぐるパラダイムシフトが提示されて以降の、音楽の力に関する研究の傍流としても位置づけることができる。近年、多くの音楽研究者たちは、このミュージッキング概念に一定の賛同をしつつも、時に乗り越えようとしながら、批判的に検討を重ね、「音楽」の持つ豊かな力について研究を重ねてきた。本書の試みも、こうした試みにささやかに寄り添うものになるだろう。本書ではその中でも、「音楽」なるものが立ち現れてくる空間を、アッサンブラージュ概念を核として読み解いていくとともに、そこで湧き上がる力の源泉と作用を微視的に注視しながら、「音楽」が創造してしまう世界の豊かさと限界についても目を配らせていこうと考えている。

第一章で提示することになるインドの沙漠の儀礼＝祝祭の場での「音楽」の生成のように、人間は世界を編み込むために、そして力を生み出すために、「場」をデザインすることが得意な存在だったはずだ。であるならば、「個」として、「主体」として分断され続けてしまった私たちの世界を、偶発的な「つながり」と「編み込み」の力が溢れる世界として、もう一度再創造・再編集していくための基盤作りが、とても重要になってくるのではないか。サウンド・アッサンブラージュの研究は、私たちが見捨ててきた、取りこぼしてきた、無視してきたような、移ろいやすい不完全な世界、混淆とカオスの世界、拡散と凝集が同時に起こる躍動的な世界を取り戻すための、重要な視点を与えてくれるに違いないのだ。

本書の特徴

本書の最大の特徴は、まずこのような音楽のアッサンブラージュが生成される「場」の事例を、世界各地に分散させたことだろう。インド、ネパール、タイ、ウガンダ、ソロモン諸島、日本、はたまたバーチャルな空間までも含みこんだ、多様な世界における「音」の編み込みの過程が、臨場感を持って提示されていくだろう。これらの「場」における「音楽」現象を捉えるためには、文化人類学が連綿とその手法の核に据えてきた、微細なものに対する徹底的な記述法が重要となる。そこでは音楽を「エスノグラフィする」試みを、世界の様々な場所でやってみた。この領域横断的な表現が、どのような「音楽」の持つ特殊／普遍の二項対立的な境界をぼやけさせていくのか、お楽しみいただければと思う。

もう一つの本書の特徴は、タイトルに「人類学」を掲げつつも、実際には作曲家や音楽教育の分野で活躍してきた方々も参加していることだ。彼らは音楽創造の現場や教育実践に携わりながらも、「サウンド・アッサンブラージュ」のもつ力を深く理解しながら、「音楽」を生成させる人・モノ・環境のデザインに関わってきており、その意味で音の編み込みに参与するアクティヴィスト（活動家）たちでもある。彼らの実践と試行錯誤に尊敬の念を抱きつつ、人類学メンバーも多くのことを学ばせていただいた。この本が表現しようとすることは、こうした研究と参与、実践や創造に関わってきたメンバーたちが積み重ねてきた対話によって蓄積されてきたことをベースとしている。

一方で、人類学者として現場に降り立った我々も、演奏家やダンサー、バンドマンとして音楽の生成の場で表現をみいだそうとしてきた人々が多い。その意味で、本書は単純な音楽の研究書というより、実践を通じた感覚的世界（身分け構造）とロジカルに構成された言葉（言分け構造）

の世界を相互乗り入れさせていくような、少しだけアカデミックな「読み物」になっているのではないかと思う。本書をもって、音楽の持つ豊かな創造性を味わっていただき、読者の皆さんを取り巻く現象世界への「参与」を少しだけ後押しできるとするならば、望外の喜びである。

本書の構成

前述の通り、本書は「音楽の力」に接近するために、サウンド・アッサンブラージュという語を用いて世界を編み込みコラージュ化していくエナジーを切り口に、その現象を微細に記述していこうとする試みである。この「力」は多方向的なベクトルを持つが、その主要なものとして媒介する力と創造する力、継承・伝達する力に暫定的に着目し、その全体像に迫ろうと思う。本書はこの三つのベクトルに沿って、それぞれ部を分ける形で進められる。

第一部である「つながる（媒体）」では、まず小西がインドの沙漠地帯で引きずり込まれていった婚姻儀礼における「音楽」の場を詳細に記述し、媒介の力を生み出し続けてきた楽士集団の存在と、その力を博物館の形で再現しようとする学術的な営為について紹介している。音の力と博物館。この相容れないような場が繋がるとき、どんな空間が出来上がるのか、お楽しみいただきたい。二章の大門の論考では、マイムや口パクが特徴的なウガンダの「カリオキ」文化に着目する。この「歌わない」パフォーマンスが行われるステージとパブ空間、さらには自らが演者として参与することで見えてきた媒介としての身体、もしくは音楽としての身体から、アッサンブラージュ的な音楽の力の持つ可能性を表現している。三章の飯田の論考では、インドの歌舞踊ラーワニーを対象に、ステージ上で「音楽」を生成する音と歌と舞踊と観客と舞台という複数のアクターたちが、踊り子たちの投げかける視線によってどのようにつむがれ、配置されていくのか、その媒介の力について掘り下げている。このように、第一部では多様な芸能形態に見られる「音楽の場」の生成過程を丁寧に追いかけながら、多様なアクターたちがアッサンブラージュ的な力学の中でどのように媒介され編み込まれていくのかについて、民族誌的に捉えようとする試みを行なっている。

第二部「うみだす（創造）」のパートでは、「音楽の場」の生成過程を詳述していくとともに、それがいかに「スタイル」や「形＝型」を生み出し、いかなる意味や行為の再編を促すのか、その創造のメカニズムや方法論について思索を深めていこう。四章の小林の論考では、三宅島に伝承されてきた木遣り歌と太鼓のスタイルが、島内の社会と自然と交感しあい、そして移りゆく時代と共に、どのように変化を遂げながら「発酵」されてきたのか、そのプロセスを追う。五章の山本の論考でも、こうした「スタイル」をめぐる社会的存在としてのミュージシャンたちの葛藤や「音楽」の再編成過程が描かれる。具体的には、「チベタンポップ」と呼ばれるチベット難民が生み出した演奏スタイルが、地域の社会的変動と流動性によって多様なアクターを取り込み、時には対立しながら、いかなる曲線的な創造過程を生み出すのかに注目している。このように、「音楽」がある種の「型」へと構成されていく際に見られる世界との応答という動態的側面は、「音楽」を語る上で必要不可欠であり、その編み込まれ方の妙がその時々の「創造性」を規定していくことになるのだろう。本部の最後、石上の論考では、こうした創造過程そのものを「教育」という文脈に落とし込んだ時に、どのような場づくりが可能かについて、「学びの場」としての教室の豊かさや可能性と、同時のその限界について描いている。

第三部「つたえる（継承）」では、二部の最後でみることになった「創造」を生み出す場の多様性＝拡散性と、それを構造的安定へと導こうとする中心化の作用＝凝集性の間のせめぎ合いという、動態的側面に着目するところからはじめる。私たちはここにきて、「音楽の力」を生み出すための方法論と、その伝達・継承の話に足を踏み込もうとしている。世界にはこのサウンド・アッサンブラージュが否応なく発揮してしまうエネルギーの再現を可能としてきた歴史的な方法論の蓄積が存在しており、それらがノーム（規範）とフォーム（形式）を構成することになっていった。こうした方法論の伝達・継承をめぐる実践は、常にズレを生み出す拡散性という極と、固定化された意味世界に集約させていこうとする（ノモス的な）制度化の間で常に揺れ動いてきたのだ。七章の平田の論考では、東北タイのモーラム儀礼を対象に、生や性、死と情動という根源的なヒトの表出を可能としてきた「音楽の力」が、その拡散性を削ぐ形で制度化へと舵をとってきた、その歴史的背景に着目する。一方で八章の宮内の論考では、学校の音楽教育という極めて制度化が進んだ場においていて、いかに世界との交感を生み出すことが可能かという論点をもとに、偶発的に引き受けることになったインドネシアからのガムラン楽器たちが発揮してしまった媒介の力を捉えようとする。この「継承・伝達」するコンテンツの固定化を開き、いかにサウンド・アッサンブラージュが生み出す編み込み・編み込まれの力学を取り戻すことができるかという試みは、六章の石上論考ともつながる、学びの可能性へ私たちを誘ってくれる。九章の佐本の論考は、ソロモン諸島でであった木管楽器パンパイプの演奏技術の習得過程から、器楽演奏における「学び」、「知る／できる」という媒介的側面に着目し、次世代への継承の過程を何ものへも還元することのできない力学という視点から捉え直そうとする試みである。

最後の補論は、八章の執筆者である宮内がコロナ禍で行った音楽実験に参加した小西が、デジタルでヴァーチャルな空間におけるサウンド・アッサンブラージュの可能性について触れたものだ。私たちの世界を席巻するリアル／ヴァーチャルという境界のボーダーレス化の波の中で、また異質な形で生まれる仮想空間における「失敗」や「ズレ」が、音楽の力をどのように拡張していくのか、そこで生まれる創造性はどんな形をしているのか。そんな論点を付け加えつつ、本書が扱う領域を少しだけ広げてみたい。

それでは、ようやく「音楽の力」をめぐる旅への準備ができた。本書では、各論考に出てくる様々な音楽形態やミュージシャンたちの具体的な音の一端を楽しめるように、章末にＱＲコードを掲載している。読者も同時に、めくるめく多様なサウンド・アッサンブラージュを生成させながら、本書を楽しんでいただければ幸いである。

1　つながる（媒介）

〈第一章〉

音が編み込む力
インド・タール沙漠の芸能世界が教えてくれたこと

小西公大

沙漠の結婚式

肌を焼くような四月の灼熱の太陽の光が少しずつ弱まりはじめ、暑さで思考停止していた私の脳と、けだるく力の抜けた四肢が少しずつ元気を取り戻しつつある夕刻。荒涼とした沙漠のなかを、私が生活を共にしている少数民族ビール *Bhil* の小さな家を目指して、トボトボとやってくる老人と若者が遠くにみえる。老人が背負う鍵盤楽器ハルモニウム Harmonium と、若者が傍に抱えるドーラク *Dhorak*（両面太鼓）が微かな光にシルエットを浮かび上がらせる。ようやく待ちに待った楽師たちの登場だ。

ここはインドの北西部、パキスタン国境を越えて広がるタール沙漠の中心、ジャイサルメール県の周辺部。やってきたのは芸能を生業とする楽師集団マーンガニヤール *Manganiyar*（参考動画は章末のＱＲコードへ）の親子だ。今日は、彼らのパトロンの家（＝筆者が生活をする調査拠点）の婚姻儀礼がとり行われる日である。その世帯の息子が花婿となり、遠く離れた地から花嫁を連れて帰ってくる祝いの日なのだ。

広漠とした大地にポツンと建つこの泥づくりの平家に、やってくる新婦の姿を一目見ようと、周辺の沙漠エリアから少しずつ人が集まり始めていた。この世帯に調査に入ってすでに半年が経とうとしていた私は、乾季真っ盛りの４月の太陽に辟易としながら、家族たちが結婚式の準備に走り回っているのを手伝うこともなく（体力的に困難であると判断していた）、ただ太陽が傾くのを木陰で待ち続ける、だらけた肉体と化していた。

楽師の親子が家にたどり着くと、彼らはおもむろに抱えた荷を、塀近くの地面に置いた。老楽師が、塀の外から家人に大声で告げる。「スブラージ・マハラジャ！（偉大なる王に祝福を！）」これは「スブラージ儀礼」と呼ばれるもので、この世帯の家系を称揚し、福をもたらすとされているもの。この楽師たちは、音楽を奏でる芸能者としてだけではなく、パトロンとなった世帯の家系を記憶・保持し、世帯の歴史の証人としての社会的機能を果たしている。その一貫が、ことあるごとに家門の前で行われるスブラージ（家系）の詠唱なのである。

なんと輝かしきラーウティア（ビール社会の支流の一つ）の一族！ 尊きパルマール（戦士階層の一つである祭火王統）の血を引く正統な戦士たち。偉大なるダルマー・ラーム（世帯の曽祖父の名）は空を駆け、大地に栄誉の光を投げかけるだろう！

家人は楽師たちの到着を知り、おもむろに庭に布を敷き、彼らを座らせ、水を与える。彼らは受け取った小さな水瓶（ロタ）を高く掲げ、滴り落ちる水を上手に口に流し込む。食器類に口をつけない、つまりケガレをうつさないための、巧妙な水の飲み方だ。

一息つくと、儀礼にやってきた参列者たちが彼らを取り巻きはじめ、さまざまな話題に花を咲かしはじめた。楽師たちは儀礼に彩を添える音楽家だけでなく、広く沙漠の社会で起こったことや悪い噂など、四方山話の宝庫のような存在であり、人々は彼らの熱弁する最新事情を、目をキラキラと輝かせながら聞き入る。私もその輪の中に入り、まだうまく聞き取ることのできなかったマールワーリー語で交わされる対話のリズムに引き込まれながら、人々がどんな話に熱狂しているのかを想像力でカバーしながら感じ取っていた。来客者には、チャーイ（スパイス入りのミルクティー）やタバコ、お酒やお菓子などが振る舞われはじめ、少しずつ宴の準備が整っていった。

結婚式にやってきたマーンガニヤールの老人。ハルモニウムを美しく奏でる

数時間後、ラクダに乗った息子（花婿）と花嫁、およびその親族の行列が地平線から現れた。老楽師はハルモニウムの荷を解き、鍵盤の調律をしたのちに、高らかに声を張り上げて歌を歌いはじめた。若者はあぐらをかいて膝に太鼓（ドーラク）を抱え、父の奏でるメロディーに華やかなリズムを乗せる。空気が一変する。集まった人々はかなりの数となり、ひさかたぶりの親交を温めつつ大声を出し合いながらコミュニケーションをとっていたが、演奏が始まると話をやめ、遠くからこちらに向かってくる新郎と新婦及びその親族たちの行列に視点を固定した。先頭のラクダに、煌びやかに衣装を纏った新郎新婦が乗り、ラクダの歩に合わせてゆさゆさと揺れながら近づいてくる。家から300メートルほどのところに来ると行列は一旦止まり、楽師たちの声量は一気に上がり、用意されていた爆竹がその破裂音で空気を切り裂く。歌は続く。

ケーサリオー・バナー、ハジャーリー・グル・ロー・フール！（あの花婿は、千の花束のように美しく輝いている！）

こうして、1週間にわたる婚姻儀礼の最終局面でありメインステージが開幕する。人々は楽師の音楽に合わせて、世を徹して踊り、新郎新婦はより煌びやかに化粧と衣装をほどこされ、ひっそりと初夜を迎える。泥造りの小屋の内部に灯された光は消され、真っ暗な中で新たな夫婦は朝まで時をともにする。その暗闇と静けさとは対照的に、方々で焚き火が燃やされ、参加した人々はやってきた新婦の親族とともに、太陽の日が地平線から顔を出すまで踊り、はしゃぎ、悪戯をし合い、語り合うのだ。その間、二人の楽師の親子は、節々に休憩を挟みながらも、楽器の演奏とともに声を張り上げて歌い続けることになる。なんとも過酷なステージだ。

彼ら楽師集団の存在無くしては婚姻儀礼は成り立たない、とされている。このイスラーム教徒の楽師たちは、婚姻のみならず、ヒンドゥー教徒であるパトロンの人生に欠かせない、節々の人生儀礼において重要な役割を果たす。彼らの音楽は、儀礼を盛り上げるBGMとしてだけではなく、儀礼の遂行を促すエナジーそのものとなる。そのサウンドは、ゴーゴーと唸りを上げて砂を巻き上げる熱風とともに大地を駆け巡り、近隣の村人たちを婚姻の宴へと誘い、また参加した人々の出会いを演出し、また既知のつながりを強化していく。沙漠のような散村が広がるエリアでは、こうした折に触れた儀礼の機会が、人々の関係を構築していく上で、極めて重要な場となるのである。

すっかりと辺りが暗くなってきた。人々が熱心に対話を続けているかたわら、私はというと、アップテンポな両面太鼓と楽師の歌声に興奮し、調査などそっちのけで、人々とぶつかりあいながら、バタバタと踊り続けていた。折をみて回ってくるサボテンとサトウキビを蒸留した密造酒を煽ったのが原因で、気がついたら月に照らされながら、ひんやりとした砂の上に倒れてガーガーといびきをかきながら意識を失っていた(と後に友人に聞いた)。なんともダメなフィールドワーカーである。

「生」の祝福

楽師たちの演奏は、パトロン世帯の家系の継続を言祝ぎ、新たな世帯の誕生を祝い、また新郎新婦の末長い幸せと、生まれくる新たな生命への期待を具現化させるものだ。楽師集団マーンガニヤールのことを、人々は「マンガル・ムク *Mangal Mukh*」と呼ぶ。「幸せの面」という意味だ。彼らは、人々が人生を歩む際におとずれる「幸せ」の局面に立ち会い、その祝祭の空気感を増殖させながら、多くの人々を巻き込んでいく。彼らが抱える数十のパトロン世帯で、誰がそのような局面に接しているのか、常に目を見張っておかなければならない。それはパトロンの人生に関わることであり、また彼らの生業＝「食い扶持・稼ぎ」につながるものでもあるからだ。そこでは、楽師たちとパトロン世帯、そこに関わる全ての人々の「生」が、持ちつ持たれつな形で混ざり合い、応答し合っている。

さて、彼らはどうやって稼いでいるのか。彼らはパトロン世帯からもらう報酬とともに、参加者たちからいただく喜捨によって生計を立てている。彼らの名称の語源が「マーングナー *mangna*（乞う）」というのも頷ける。演奏中に、人々はおもむろに（もしくは踊りながら）楽師に近づき、折り畳んだ紙幣を指に挟み、ハルモニウムの上にそっとおく。バクシーシ（喜捨）を行った人物の名を歌詞に入れ込みながら、彼らはますます高らかに声を張り上げる。

そこにおわすハルブー（喜捨をした人の名）よ！　そなたの存在がこの世界に光をもたらし、子々孫々まで輝き続けるだろう!!

楽師は個別に人々の「生」を祝福する。その祝いの言葉とエネルギーを欲し、人々は我先にとマーンガニヤールたちへ、折った紙幣を渡しにいくのだ。彼らの音楽は、もはや婚姻儀礼を遂行するための（機能としての）音楽であることをはるかに超え、そこに集まった人々の熱狂とつながりを生み出す「メディア」としての働きを強めていく。振る舞われるサボテン酒と、タールのきついタバコ、アマルと呼ばれるアヘンの搾り汁が、ますます酩酊状態を強化させ、否が応でも

砂漠の結婚式の様子。到着した花嫁に緊張の
面持ちを浮かべる新郎

非日常的で混沌とした空間を作り上げていく。

編み込まれていく「場」

このカオティックな空間は、そこに参加した人々の凝集性と画一性をもたらしているわけではなかった。それぞれの行為は、一見バラバラで、思い思いの場の楽しみ方をしていたように思われる。

「初夜」の行為へと向かうまえ、衆目を集めてきた新郎は、マーンガニヤールの歌う歌詞に合わせる形で、声を上げクネクネと身体を動かしたり、ときには大きな嗚咽をもらしたりと、まるで音と歌詞に繋ぎ止められたマリオネットのように立ち居振る舞いを操られていた。歌は巡り、お金は飛び交い、(複数のカーストの集う場としての儀礼空間における)多様な属性を持つ人々は、再度のそのつながりを強化し、たまたまふらりと寄った客人を包摂し、儀礼の様子を伝える噂話を沙漠の他の村々へと拡散していく。

新郎新婦はおろか、楽師の演奏にも目もくれず、ただ酒を煽りながら政治談義に明け暮れる老人たち。放浪の商人から買い求めたマニキュアを自慢し合う女性たちの輪。ずいぶん後に振る舞われることになるプラオ（炊き込みご飯）作りのために、大釜で米を煮出そうと動き回る男たち。来客に配られるあめ玉を手にした子どもたちは、はしゃぎ回って砂埃をあげていた。子どもたちの接近にびっくりした山羊たちはヴェエエと鳴き、首につけたベルを激しく鳴らしながら月の照らす方角へと駆けてゆく。

このようなバラバラの行為や人々の存在が、暗くなるにつれてひんやりとしてきた風や、人々の顔をほのかに照らす月の光の中で渾然と混ざり合いながら、独特の包摂的な空間を作り上げていることに、ふと気がつく。誰が何をしても許されるが、誰もがどこかでつながり合っているような、編み込まれた空間。私は、楽師の演奏と、大勢の話し声と、耳をつんざく様々なノイズと、ひんやりとした砂の感触と、カマドや焚き火の煙の匂いと、ぼんやりと辺りを照らす月の光とが、分断することができないほどに調和しあい、渦となり、自身の身体に染み入ってくるのを止めることができず、そのエネルギッシュだけど心地の良い「場」の浸透に対して抵抗するのをやめ、（おそらく意識を失う直前まで）茫然自失となってしゃがみ込んでいた。それら全てを飲み込むような通奏低音として、マーンガニヤールの演奏は存在していたのではないか、と思う。音楽が全てを包摂し、全てが音楽を包摂する。「音楽」とは、その場全てが奏でるものになった。このバラバラなアクターたちが飲み込まれていく、いや、彼ら／それらを編み込んでいく「場」こそが、「音楽」なのだ。この感覚、この現象を、どうやって言葉にしたらいいだろう。現地で得られたこの感覚が、のちに「アッサンブラージュ」という概念へと繋がっていった。

音楽のアッサンブラージュの世界

アッサンブラージュは、そもそもフランスの哲学者ドゥルーズが表現した「配置 assemblage」の論理に端を発している。これは、モノと人間、環境、意味など、多様な要素が偶発的に組み合わさった状態を表している。方向性や目的を持たず、時とともにこの異種の複合体がうごめき、変化し続けるような動態のことだ。彼は音楽を植物の根茎のように生成や切断、成長と接続（逃走）、繁殖などから生まれる網状の組織（リゾーム）と結びつけて考えている。

> 音楽はみずからの逃走線の数々を、そのまま「変形する多様体」として絶えず成立させてきた。たとえ音楽というものを構造化し樹木化している諸コードを覆すことになっても。だからこそ音楽の形式は、その切断や繁殖に至るまで、雑草に、またリゾームに比べることができるものである（ドゥルーズ&ガタリ 1994: 24）。

このリゾーム的な接続や結合の可変的動態を表す「配置」概念を、後の音楽研究が引き継ぎ、発展させていったのが「音楽のアッサンブラージュ」である。たとえば音楽理論の研究者であるキャンベルは以下のように表現している。

音楽のアッサンブラージュ (Musical Assemblages) は多様な環境から構成されているが、そのなかで音楽的なサウンドは一つの構成要素に過ぎない。このような観点から、アッサンブラージュ理論は、まず、作品を構成する様々な力を特定すること、それ自体が複数のレベルで作用していると理解するべきである。具体的に、革新的な音楽とは、社会的実践、楽器や楽器技術の発展、音楽システム、記譜法、演奏スタイルとその実践、テクノロジーの発展、演奏空間、音楽機関、音楽の録音と再生、文学、視覚芸術、哲学との関係、その他無数の要素の間に作用する、あらゆる種類の予想外のリゾーム的な接続から形成されている (Campbell 2019: 276)。

「序章」であげたジョージナ・ボーンの定義にもつながるが、ここで音楽はあらゆるものを包摂的に飲み込み接続させていく媒介作用とその力を指すことになる。少し話が硬くなったが、私が飲み込まれた場こそが、変形しながら世界を飲み込んでいくアッサンブラージュの世界だったのだ。

ここで重要となるのは、サウンド＝音そのものは、多様なアクターの一つでしかないということだ。ここではマーンガニヤールの奏でる楽曲は、場を形成する様々な力学のなかの一つであり、環境を形成するヒト・モノ・現象と等価に並べられるものである。既存の音楽研究であったならば、マーンガニヤールの奏でる楽器、楽曲の構造、意味を分析し、それが社会に与える影響力やメッセージを理解しようと躍起になっていただろう。もちろんそれらの要素（楽器や楽曲の構造論、意味論）も重要であることに間違いはない。しかし、そこに視点を集中させるがあまりに、アッサンブラージュとして構成されている世界（場の力学）を包括的に捉える視野を失い、その理解と把握はあまりにも部分的なものにとどまってしまうだろう。仮にマーンガニヤールの使用する楽器や演奏に注視するだけなら、博物館のカタログと録音されたテープがあれば事足りることになってしまう。私がこの場にいた意味は、まさにアッサンブラージュ的な力が蔓延している編み込まれた世界の根茎の一つとなりきり、彼らと共に踊り、声を荒げ、飲みつぶれることであったのかもしれない。つまり、私も場を形成する力の一つとなり、このカオティックな世界の構成要素として繁殖の一端を支えていた、ということだ。私も、音楽になったのだ。

このことは、音楽研究を支えていた人間中心主義を批判することにもつながる。音楽を奏でる主体は、あくまでも人間であり、人間が作り出した楽器と楽曲ということにされていた。一方で、本書でいうところのサウンド・アッサンブラージュの世界では、婚姻儀礼の会場を流れる風や舞い散る砂埃、ヤギのいななきや家屋の土壁、熱射を避けるために設置された簡易な日陰スペースの草葺の屋根、人々の手を回るタバコ盆すらも、音楽を形成する重要なアクターとなりうる。風がなければこの喧騒の世界を周囲の村々に知らしめることはできず、屋根がなければ演奏家や参加者は暑さにうだって演奏や儀礼どころではなくなるだろう。

思えば、私たちはすごいところに来てしまったものだ。音楽は、もはやリズムやメロディーだけではないって？　音楽は人間だけが奏でるものではないって？　しかし、そう考えることで、音楽という概念が捉えることのできる世界は、あまりに豊かで創造的なものへと拡張されていく。この音楽研究の世界で起きた強烈なパラダイムシフトは、謎に包まれた「音楽の力」をより広範に、そして包括的に捉えるための重要な一歩なのだ。それは、私たち人間を一つのアクターとして、世界のあり方、つまり存在の力学や現象の本質に迫ることを可能とする、有効な世界観だと確信している。そうでなければ、言語や文字を得た後ですら「音楽の力」を手放さなかった人類の理解に、どうアプローチしていったらいいのだろう？

時代の変化

さて、本エッセイで取り上げてきたような楽師集団が生きる世界には、近年大きな変化が起きている。沙漠に点在する村々が（徐々にではあるが、着実に）電化されていくにつれ、儀礼で使用されるサウンドは、マーンガニヤールの奏でる演奏から、大きなスピーカーに繋がれたＭＰ３プレーヤーが出力するダンサブルなポップ・ミュージックへと変わりつつある。映画(Bollywood)のサウンドトラックやデジタルなバングラ・ビートなどである。その過程で、村々の儀礼の世界から、職業楽師たちの姿は少しずつ消えつつある。

しかし、儀礼を華々しく遂行したいという人々の意思はあいかわらず強く、以前よりもはるかに大きな音で、周囲の人々に呼びかけている。老人たちは、耳をつんざくようなモダンな音楽と踊り狂う若者たちの姿に眉をひそめながらも、変わらず政治談義に花を咲かせているし、はしゃぎ回る子どもたちや逃げ回る山羊、体にまとわりつく砂埃は健在だ。伝統的な音楽研究者だったら、この状況を「伝統の喪失」として悲観的にみる向きもあるかもしれないが、「音楽のアッサンブラージュ」の可能性を知ってしまった私たちは、この状況もまた、変わらぬ現地の「音楽」の世界であることを知っている。その組み合わせ方、編まれ方は変幻自在である。要は「力」が生み出されることが肝要なのだ。

一方で、儀礼の機会に呼ばれることがなくなった職業楽師の方々は、どこにいってしまったのか。実は、80年代以降急速に進んだジャイサルメール県全体の近代化・観光化により、彼らの舞台はレストランやホテル、沙漠に設えられたテント村に設えられたステージへと移っていった。国内外からやってくるお金を持ったツーリストたちが新たな（そして刹那的な）パトロンとなり、彼らの演奏技術を支えている。彼らが生み出す音楽の場は、月明かりに照らされた（または日照りの厳しい）荒漠とした大地から、ライトアップされエアコンの効いた閉鎖的空間へと移動していった。それでもなお、彼らの紡ぐ音は新たなメディアとしての働きを遺憾なく発揮し、人々はビールを片手に、音の力を借りて享楽に耽っているのである。

民族音楽学者である故コーマル・コーターリー氏は、このような状況を憂いていた人物のひとりだ。60年代に文学や口頭伝承への関心から、自ら生まれ育ったタール沙漠の世界で人々の語りや芸能を音源としてコレクションを始めた彼は、のちに沙漠エリアの生活世界を包括的に研究する博物学的な研究をスタートし、ルーパーヤン・サンスターンなる民俗学研究所を設立している。彼は学者として現地文化の収集・保存・記述に努める傍ら、タール沙漠に点在する様々な楽師集団の音楽や、特定の集団ごとに行われていた多様な舞踊を組み合わせ、この地の「民俗芸能

Folk Performing Art」の再構築に多大な影響を与えている。

前述のような、タール沙漠の近代化・観光化の波と歩調を合わせるように、この地に継承されてきた芸能は、国内は愚かフランスやイギリスを始める海外の音楽シーンで着目され始め、現在ではラージャスターン民俗音楽として一定のマーケットが形成されている。その下地を作ったのも、このコーターリー氏であった。

沙漠の音楽博物館

最後に紹介したいのは、このコーターリー氏の晩年最後の試みであった、博物館の構築の話だ。本エッセイでは、マーンガニヤールをはじめとする楽師集団たちの音楽が、村々で生活する人々の重要な時空間を形成するメディアの働きをし、音楽をその「場」を構成する全体的な力学の中で捉え直すことを主張してきた。コーターリー氏は、音楽を人々の生活世界の一部として切り取って分析するのではなく、彼らの生きる社会／文化に埋め込まれたものとして包括的に捉えるべきであるという視点を持っていた。

すなわち、彼の中にも音楽のアッサンブラージュが生み出す力に対する視野が存在していたと

アルナージャルナー・ミュージアムの景観

考えられるのである。その発想が明確に形になったのが、２０００年から開始された「アルナー・ジャルナー（森と湧き水）」と呼ばれる博物館の構想であった。

　沙漠世界にいくつか存在する都市部の一つ（ジョードプル）から16キロほど離れた、岩場と渓谷が複雑な地形を作る広大なエリアにこの「ミュージアム」は少しずつ構築されていった。その構想は「生きた博物館Living Museum」と題され、人々の文化に関する展示とともに、生物多様性、地質、水利などを含めたあらゆる側面が、博物館の外側と内側において相互に関連していく仕組みが作られていった。コーターリー氏は道半ばで（２００６年）に他界することになるが、その後は息子であるクルディープ・コーターリー氏が引き継ぐことになる。２０１８年に行われたインタビューで、彼はこのように語っている。

音楽は人間関係だけを反映しているわけではない……文脈から外れた歌は何も伝えないが、事柄には時間が刻印されており、インタラクティブな関係を築くことが可能だ。つまり、すべての事柄には過去が埋め込まれており、時間軸を考えないで物事を測ることは不可能だ。

父から受け継いだ遺志は、息子の中にも色濃く根付いていた。私たちが音楽として切り離してきたものは、その時空間を形成する包括的な文脈の中にしかあり得ないことを、彼はたびたび強調していた。

実際、この博物館は独特の形状をしている。門をくぐると、そこは岩盤つづきの高台であり、多様な植物が自生している。クルディープ氏に尋ねると、沙漠エリアに見られるあらゆる植物の種を撒き散らしておいて放っておき、この地に根付いたものだけが成長を続けているという。荒地であった大地が、次第に緑色に覆われていく。そのうち草木や実を目当てに鳥や動物たちが集まってきた。渓谷の底には湧き水が流れ、魚や水鳥が生を謳歌している。ある意味ビオトープ（生物群集の生息空間）を沙漠で実験的に作っていった過程があったようだ。

そして、沙漠エリアのどこにでも見かけることができるような土壁の小屋が点在していること

博物館に並べられたホウキ

に気がつく。最初の小屋に入ると、薄暗い室内にこのエリア一帯で使用されている様々なホウキがずらっと並べられている。この地のホウキは、先端の尖った様々な草の茎を束ねた簡易なものであるが、その大きさや使用されている植物の種類は多様である。塵を集める、塵を払うという日常的な些細な行為であるが、そこにどのような植物が使われており、何で縛られていて、その長さや大きさはどのようなものか、地区ごとの特徴がわかるような展示である。

その他の小屋には、編み込まれた絨毯や染められた布、農具やヨーグルトの撹拌器に至るまで、様々な生活に使用される道具が展示されていた。このような中に、楽器を扱った小屋や芸能で使用される人形（カト・プトリ）の展示室が並置されるように建造されている。展示小屋によっては、静かに現地の民俗音楽が流れているところもあり、外から吹き込む砂風の音と混ざり合って、心地よく耳を刺激する。

この博物館の建て付けやコンセプトに、とても驚いた。コーマル・コーターリー氏による博物館と聞き、民俗音楽に関する専門的な展示の羅列を想像していたが、そこにあったのは広大な沙漠のミニチュア化された生態系と人々の生活のあり方がメインであるかのように配置された、多様な生活用具を並べる質素な小屋の数々であった。音楽や芸能に関する展示はその中に埋め込まれた形でひっそりと存在している。そして、この博物館は完成することがなく、自然環境の豊かさが広がっていくとともに、土づくりの小屋も少しずつその数を増やし、展示内容も拡張されていく。クルディープ氏の言葉を思い出す。「人間はこの世界を形成する脇役のようなものだ。自然の力を借り、それにあやかるために音を紡ぎ出し、ホウキを束ねた。音楽を理解するって、そういうことだと思う」。まさに、音楽をアッサンブラージュとして捉えようとする、直感に根差した発想が具現化されたミュージアムであることがわかった。

現在、この場所は全国から集まってくる子どもたちの研修の場所としても機能し始めている。沙漠の生活を体験してみたり、楽器に触れてみたり、自然の豊かさに触れたりしながら、次世代の人間育成をするのだという。まさに、あらゆる力をつなぎ合わせ「場」を形成していく、音楽の力を借りた学びの空間づくりがなされていることを、子どもたちの嬉々とした姿が写るアルバムを繰りながら実感した。

人間中心主義が隅々まで世界を覆い、消費形態としての音楽は個人が直接刺激を受け取るモノとして売買されるような現代社会。アッサンブラージュという発想は、仮にそれが消費されるべき商品だったとしても、世界を編み込む力を持ったメディアであったことを思い出させてくれる。

人と世界のつながりを創造する「音楽の力」への感度を高めていくこと。沙漠で経験することのできた様々な出来事は、私にその力を思い出す重要な契機となったのである。

参考文献

Bharucha, Rustom 2003 *Rajasthan, An Oral History: Conversations with Komal Kothari*, Penguin Global.

CAMPBELL, EDWARD 2019 "Guattari, Consistency and the Musical Assemblage", *A Deleuziana: Rhythm, Chaos, and Nonpulsed Man*, Roma: Associazione Culturale Rizosfera, pp.276-290.

ドゥルーズ、ジル&フェリックス・ガタリ（1994）『千のプラトー』河出書房新社。

Konishi, M.A. and Kodai Konishi 2013 *Jaisalmer: Life and Culture of the Indian Desert*, New Delhi: D.K. Printworld.

Konishi, Kodai 2015 "Phantasm in Lime: The Permeating 'Modernity' in Manganiyar Community of Rajasthan", *International Journal of South Asian Studies*, Vol. 7,

pp.177-194.
小西公大 2008「神と人／人と人を結びつけるもの―タール沙漠の諸芸能集団をめぐって」『神話と芸能のインド―神々を演じる人々』鈴木正崇（編）、111-131頁、山川出版社。
――― 2015「『民俗芸能』が創造されるとき：文化運動と生存戦略」『現代インド5：周縁からの声』粟屋利江・井坂理穂・井上貴子（編）、103-125頁、東京大学出版会。
Neuman, Daniel(et al.) 2006 *Bards, Ballads And Boundaries: An Ethnographic Atlas of Music Traditions in West Rajasthan*, Seagull Books.

〈マーンガニヤールの関連動画〉

〈第二章〉

「見せる場」から「音楽とともにいる場」へ

ウガンダの学校と盛り場で

大門碧

夜のステージで

大学が立地する丘のふもと、レストランやバーが点在している一画に降り立った。ここは東アフリカに位置するウガンダの首都カンパラ。さっきまで乗っていた車、14人乗りのトヨタハイエースは、何人かの乗客をすべりこませると、すぐに出発した。ズボンのポケットからモトローラの旧式の携帯電話を取り出し、時間を確認する。夜の7時過ぎ。赤道に近いこの場所の日没時間はいつもあまり変わらない。日が落ちたばかりの空にはまだ少しオレンジ色が残っているが、1200メートルの高地にあるこの街の空気はすでに冷たくなってきている。

たすき掛けした鞄にくくりつけている防寒用のスカーフを手でたしかめながら、乗り合いバスや乗用車で混み合う道を渡り、音楽が聞こえてくるレストランの入り口に足を運ぶ。守衛が私をみとめると、ユニフォームを着たスタッフを呼んだ。私がポケットから出したしわくちゃの2000ウガンダシリング（約50円）札は、そのレストランの名前が書かれた小さな紙と交換された。屋内は暗い。入口近くにビリヤード台がある。左手にはプラスチックの椅子が10脚ずつ7列ほど、左奥にある50センチほどの高さのステージに向かって並べられている。ステージ上には煌々と明かりが入っているが、誰も、何も、ない。ステージ上部には左右に1台ずつ、薄型ではない昔ながらのテレビが、地元のニュース番組を流している。ステージから少し離れた場所にはウイスキーの瓶が並べられた戸棚。それを囲うようにカウンター席がある。カウンター席の奥にある薄暗い空間には、丸い机が数台、そのまわりに椅子が並べられている。そこからステージを見ることはできないが、ゆっくり食事ができそうだ。

ステージに向かって並べられた椅子に座っている客は数名。自分もその椅子のひとつに座る。地元で流行っている現地語のポップスや人気の高い西欧のR＆Bやカントリーミュージックが、ステージ横のスピーカーから大音量で流れてくる。しかし、まだステージには誰もいない。店員がやってきて、耳元で何を飲むかと聞いてくる。

「あとで頼む」と答え、ステージに向かって右横にある小さな部屋、DJボックスに向かった。

年配の男性ＤＪが、デスクトップ・パソコンを前にぶぜんとして座っている。まだ今夜の曲の再生リストがパフォーマーたちから渡されていないようだ。挨拶だけ交わすと、その小さな部屋の裏、ステージ上手の袖に入る。集まってきているパフォーマーたちが化粧をしたり、チャパティ（平たい薄焼きパン）をかじりつつ熱々の紅茶を飲んだり、ボールペンで曲名をノートに書きつけたりしている。

ここにもレストランに流れている音楽は充満しているが、スピーカーの真後ろにいる分、少しだけ会話はしやすい。「今日は客席からビデオ撮るね」声を張ってパフォーマーたちに伝えると、もとのプラスチック椅子に戻った。テレビの映像が、イギリスのプレミア・リーグの試合に変わっている。流れている音楽に邪魔され、テレビの音は聞こえない。しばらくすると流れていた音楽がふっと途切れ、そしてそれまでよりもさらに大きいボリュームで、スローなアメリカの音楽が流れ始めた。スピーカーのなにかが振動して聞こえてくるズンズンというノイズが耳にさわる。

するとステージ上に、マイクを手にした女性が登場。足首まであるスカートから見え隠れする足は照明を反射して光っている。口もとにマイクが持っていかれる。歌声が流れる。茶色い肌に銀色のアイシャドウが映える。曲の終盤、足早に女性が上手へと去り始めると同時に、レゲエ調のジャマイカの音楽に切り替わる。今度は背の高い男性がマイクを手に上手からステージにやってきて、リズムに合わせて腰を細かく振る。思わず腰だけに見入ってしまう。サビの歌い上げるところでは、マイクは彼の口元から離れる。腰の動きがさらに速さを増す。女性客が、ステージ上の男性にチップを渡しにやってきた。ふと後ろを振り返ると、カップル客などで客席の半分ほどがうまっている。ビールや炭酸飲料を片手にのんびりステージのほうを見やっている客たち。男性客の多くはテレビのサッカーの試合を見ているようだ。玉突き棒を片手に、ステージではなくビリヤード台を眺めている男性客もいる。リズミカルな地元の音楽が流れ始めた。女性客が楽しそうに肩を揺らす。短いタイトスカートを履いた女性がステージに登場する。ピンヒールだが、堂々とした立ち振る舞い。彼女はマイクを持っていない。そして、少しうつむき加減で、流れてくる歌声に合わせて口を動かし始めた・・・。

歌わないショー

２００６年、ウガンダの首都カンパラで、「カリオキ」と呼ばれるショー・パフォーマンスを「発見」した。それは夜間のレストランやバーのステージで行われる音楽を使った2〜4時間に及ぶショー・パフォーマンスであった。このカリオキは、演者が若い世代でありながら、幅広い客層を相手にして、大衆文化として２０００年代のウガンダの首都で盛り上がりを見せた。歴史が古

SMOKING

くないこのショー・パフォーマンスは、名前自体もあやふやで、「karioke」や「kareoke」などと表記されていることもある。現地の人びとの発音に一番近い音を採用し「カリオキ」と私は表記してきたが、その語源は日本の大衆文化の「カラオケ」である。しかしながら、その演目内容は実際には歌わない、つまり歌声を客に聞かせるわけではない、口パクの演目が中心となっていた。

しかしこの口パクは、日本や西欧などで芸のひとつとしておこなわれている口パクとは趣が異なる。おおかたの場合、オリジナル歌手の動きや衣装を忠実に再現することはなく、また口もしっかり歌詞をなぞって動いていない。一方、英語では、口パクすることは、すなわち音声と同期して唇を動かすことと表現し、「リップシンク（lip-sync）」と呼ぶ。

ポピュラー音楽業界では、1983年のマイケル・ジャクソンのライブでおこなわれたパフォーマンスのリップシンクをきっかけに、ライブでおこなわれるパフォーマンスがミュージック・ビデオのイメージの再現へとシフトしたと言われる（Kooijman 2006）。リップシンクのなかには、映画などで注目を浴びたドラァグクイーンや日本の芸能人（はるな愛の「あやや」、渡辺直美の「和製ビヨンセ」など）のもの、さらにはインターネット上で一般市民が披露しているものもあげられる。これらのパフォーマンスのなかでは、歌っている様子を徹底して表現することや、生で歌うことを超える価値を示すこと（技巧にあふれたダンスやエフェクトをかけた音声の使用、オリジナルの真似／パロディ化）に重きが置かれている。

しかし、ウガンダのカリオキで披露される口パクは、そういったリップシンクとはなにかが異なる。単純に違う点を指摘してみると、カリオキでは、歌詞を完璧に覚えること、オリジナルの歌手の真似をすることやパロディ化することは求められていない（大門 2015、2021 参照）。同じ口パクの演目でも表現するその内容が、その目的が違っているようなのである。本稿では、このプロフェッショナル志向が低そうな、誰でもできそうな、ゆるいパフォーマンスであるカリオキの口パクが見世物として、人びとが楽しむものとして成立していることを取り上げ、音楽と人とのあり方について再考したい。

カリオキはショー・パフォーマンスか

私はカリオキのパフォーマーたちを追いかけて、その練習やバック・ステージの様子を観察することに加え、実際にパフォーマーと同じようにステージに立ってパフォーマンスをする参与観察も実施した。そのため、日本でもカリオキの主要演目、口パクで歌う様子を表現するパフォーマンスである「マイム」を披露する機会を得た。

一度目は、２０１１年12月に参加した東京外国語大学での研究会後の懇親会の場で、研究会の参加者に対して大学の講義室の一室を使って披露した。蛍光灯で照らされた明るい部屋で、大きな音では曲を再生できない状況でマイムを披露することに強い違和感をもった。二度目は、２０１７年３月に『文化人類学者が語り、演じるAfrican Pops』と題された催しで、窓のない防音された屋内のイベントスペースで披露した（動画は章末のＱＲコード参照）。この披露に関しては、その数日後に開催された研究会発表の資料で、次のように私は感想を記録している。

「音楽が流れている空間にいることにより得た安心感／踊っているうちに、パフォーマーたちから言われたどのような動きをするべきかという指示、パフォーマーたちがしていた動きを次々に思い出す／音がかぶってしまったことに対する『カリオキ』感の醸成／全員が自分を見ている・手拍子していることへの違和感／話していたところから『口パク』をすることで生まれてしまう笑い」（研究会『音楽する身体間の相互作用を捉える――ミュージッキングの学際的研究』［２０１７年４月２日　於：国立民族学博物館］での筆者の発表資料より）。

カリオキが「見せる」もの

「音楽が流れている空間にいることにより得た安心感」とは、カリオキが公演される空間が、大音量で音楽が流れている場所であることの言い換えである。「音がかぶる」とは、ある曲がなっているときに、別の曲が重なって始まることを指す。これはカリオキの場では通常のことで、次々に音を重ねるようにして曲を再生しており、音がない瞬間はほぼない。「全員が自分を見ている・手拍子していることへの違和感」が生じたのは、カリオキがショー・パフォーマンスのかたちをとっていながらも「見せるパフォーマンス」とは異なることを、カリオキのステージにて私の身体は体感していたからだと思われる。

カリオキを「発見した」当時から、そしてカリオキのパフォーマーたちの社会関係について問う博士論文を執筆したときもまた、私は一貫してカリオキをショー・パフォーマンスとして捉えてきた。しかし、カリオキの場の、耳をつんざくような音、再生される曲に負けじと大声で話す声、停電時に響く楽屋に置かれた発電機のド、ド、ドという重低音、そして客が椅子に座ってステージではなくテレビを見上げている姿、ステージに背を向けて隣の客に向かって踊る様子、それらを思い出すたびに、カリオキを、客が演者を見る「ショー・パフォーマンス」と捉えているだけでは、あの口パクの演目「マイム」について説明しきれないのではないかと思うようになった。特段技能を見せつけるわけではない、ゆるい口パクのパフォーマンス「マイム」が土台となっているカリオキは、はたしてショーなのだろうか。もしかしたらカリオキは、音楽と身体を寄せる場そのものではないか。もしくは音楽が生み出す現象のひとつがカリオキであったのではないか。

そこで本稿では、カリオキはショー・パフォーマンスではないという視点でカリオキをとらえなおす。具体的には、カリオキがおこなわれるその空間を振り返り、その次にカリオキの始まりと言われるウガンダのカラオケ、そして、劇場と学校でおこなわれているマイムと、カリオキでのマイムを比較し、ウガンダにおいて音楽と人がどう接しているのかを考えたい。

カリオキ空間の特異性

まず、カリオキがおこなわれる場所とそこでの様子について確認する。公演場所であるレストランやバーの代表的な例は左頁図の通りである（大門 2015）。その空間にはステージと客席だけが用意されているわけではなく、ほかにもいくつかの娯楽が混在していることがカリオキ空間の特徴である。通常、ステージの上部や真横、ステージに向かって90度横にあたる場所、もしく

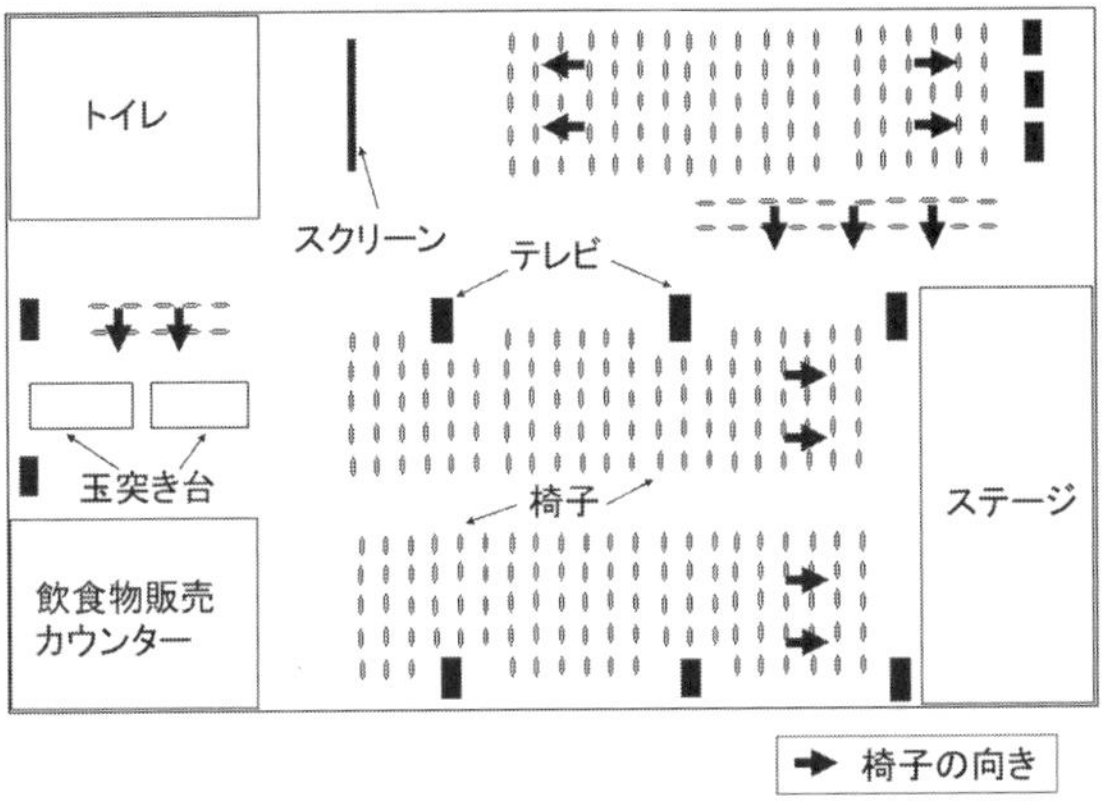

は背の位置に、テレビまたは大きいスクリーンが設置されている。テレビやスクリーンには、多くの場合サッカーの試合、ナイジェリアやアメリカのドラマや映画などが、放映されている。ただし、カリオキで使用される歌が大音量で流されるためテレビの音声は聞こえない。また、多くの場合、ビリヤード台がステージの近く、もしくはステージから離れた場所に設置されている。客席はプラスチックの椅子で、基本的にステージにむかって並べられているが、同じ空間にあるテレビにむかって並べられているときもある。もちろん飲食することも可能である。食事が置けるように机が用意され、その机を囲むように椅子が置かれている場合もある。客は自由に椅子の向きを変えながら座る。すなわち、カリオキがおこなわれる空間では、ショーを見る以外に、客はビリヤードをする、ビリヤードの試合の様子を見る、テレビを見る、会話をする、食事をする、酒を飲むといったほかのことにも自由に関与できる。

場所によっては、客の選択肢を狭めている場、つまりビリヤードの台がなかったり、テレビの

カリオキでパフォーマンスをする筆者（写真右）

設置数が少なかったりするところもある。しかし、いずれの場合も客は自由に出入りしてよく、カリオキを見るように絶対的に強いられることはない。時間帯によっては、客はビリヤードやテレビ、酒、食事や会話に興じていて、ステージでおこなわれているカリオキはテレビ番組のひとつのような感覚で捉えているように思えるときもある。

だが同時に、カリオキのパフォーマンスに拍手をしたり、パフォーマーにチップをわたしたりする客もいる。チップはお金だけでなくその盛り場で販売されている落花生や酒、客が持ち合わせていた飴のときもある。マイムの演目時にはパフォーマーが客席をまわって、客に声をかけることもある。たいていパフォーマーとは異性の客が選ばれる。時にはパフォーマーの誘いに応じて客がステージにあがる。そのとき、パフォーマーはその客にむかってマイムをしたり、客と踊ったりする。そのステージにあがった客に対して、ほかの客がチップをわたすこともある。また、パフォーマーからの誘いがなくても、客がステージへやってきて一緒に踊るときもある。パフォーマーは即座にかれらに合わせて身体を動かし、パフォーマンスを続ける。客席で歌にあわせて踊る客もいる。その場合、ステージを見てない場合が多く、ほかの客にむかってマイム、もしくは実際にその歌を歌いはじめることもある。

また、客は歌曲が流れ始めた瞬間に、その曲自体に反応して、歓声をあげて客席でリズムにのって腕をふったりすることがある。あるとき、曲が鳴り始めてからすぐに、男性のパフォーマーがステージに出てきた直後に何人もの女性客が列をなしてチップをわたしにいくのを見た。私と一緒にカリオキを見に来ていた友人のウガンダ人に「なぜ、あんなにチップをあげにいくのか」とたずねると、「声がいいから」と返ってきた。そのときステージ上のパフォーマーは口パクのマイムをおこなっていた。もちろんその友人もそれが口パクだということは知っている。このチップをあげに行く姿はそのパフォーマーに対してよりも、流された歌とそのオリジナルの歌手に対しての賞賛を示す行為と思われた。

このように客は、ときにカリオキをテレビやラジオ番組と同様に捉えているような態度を取る瞬間もあれば、鑑賞し、さらには参与して共にカリオキをつくりあげることもある。その違いは、その空間にいる個々人の気分、パフォーマンスが客の関与を意識したものであるか否か、パフォーマンス空間の設備（テレビの数、座席とステージとの距離など）やその瞬間の空間の状況（客の数、サッカーの試合の中継時間か否かなど）によってもたらされる。カリオキは場所や時間帯、パフォーマー、客によって表情を変える。もちろん芸が披露されるショー・パフォーマンスという面も否定できない。しかし、客たちの様子からは、ステージ上のパフォーマンス以外の、テレビやビリヤード、その場に再生される音楽そのもの、パフォーマーと、もしくは同じ空間にいる客たちと音楽に身をゆだねること、それらを楽しめる空間がカリオキであると考えられる。

アメリカの歌から地元の歌へ

次にカリオキの語源となっているカラオケから、ウガンダの首都でカリオキというこの形態が生み出された経緯を口パクの演目「マイム」に注目してたどる（詳細は大門（2016a）参照）。音楽と演者、客との関係は、カラオケからどう変化してきたのだろうか。

1996年、アメリカからカラオケ・マシーンをとりよせて、サブリナズ・パブが毎週土曜日に「カラオケ・ナイト」というイベントを始めた。そこでは若者たちがこぞって歌を披露した。歌われた曲はマイケル・ジャクソンやマライア・キャリー、マドンナなどアメリカの歌手による英語の歌が中心だった。

サブリナズ・パブでのカラオケ・ナイトの記事

　そんなアメリカ文化を消費する空間だったカラオケが、カリオキのかたちへと姿を変えるきっかけのひとつとなったのは、大学入学前の若者たちが1999年に結成した「オブセッションズ」というグループである。結成の動機について、グループのリーダーは「中学校でダンスと芝居をしていた。楽しかったのでそれを続けたかった。お金も稼ぎたかった。中学校の上級レベル[1]を終えたあと・・・(中略)・・・中学校の友だちに別の知り合いも加わり一緒にカリオキを始めた」と話した。

　公演場所は当初学校であり、リーダーの進学先である、ウガンダ内トップの国立大学、マケレ

1　ウガンダでは初等教育が7年、中等教育が6年の体制をとっている。中等教育は、前半4年間が普通レベルOrdinary Level、後半2年間が上級レベル Advanced Level と呼ばれる。

レ大学の寮祭（inter-hall show）にもかれらは参加した。２０００年当時、かれらは「ダンス・グループ」と報道されていた。また、その頃ほかにもいくつかグループがあったが、そのうちのV.I.P.というグループの創始者は、当時使用していた曲は「(アメリカの歌手の）バック・ストリート・ボーイズやアシャーだ。その頃のヒット・ソングだ」と語り、マイムに関しては「あまりしなかった。ほとんどがダンスだった」と話した。

２０００年の新聞ではオブセッションズのパフォーマンスについて「バック・ストリート・ボーイズ・・・(中略）・・・に合わせた踊りが非常に激しいエネルギーでおこなわれ、かれらは私たちをうっとりさせた。かれらがもっているのは本当のマイクではないことを誰も気にしているようには見えなかった」と報道されている。パフォーマーたちや周囲の人びとが注目していたのはダンスであり、そこで使用されていたのは主としてアメリカ音楽であった。

その後学校でパフォーマンスをしていたオブセッションズを含む若者たちは、公演場所をカンパラの中心部のバーやクラブへと移すようになるが、この頃に盛り場での公演をおこなうためにマイムというジャンルが創出されたと推測される。「自分たちはショーをやると決めたが、ダンスだけを2時間やっているわけにはいかない・・・(中略）・・・だから別のことを計画した。よしマイムをしよう、それで何分か休憩をしよう・・・(中略）・・・[それが］２００2年だ」。これは、大学の寮でかつてパフォーマンスをしていたエモーションズというグループのパフォーマーがバーへの進出を考えたときのことについて語ってくれた言葉である。

さて、オブセッションズ以外にカリオキをかたちづくった初期の有力なグループとして頻繁に名前があがるのが「ソバー・ロイヤルズ」である。かれらは、ドラッグや飲酒の危険性について青少年に啓蒙するNGOの下部組織として2001年に結成され、当初は、啓蒙活動の際に歌やダンスを取り入れた演劇作品を見せることを目的として、学校や郊外の中・低所得層が住む居住地で活動していたが、2003年以降、資金不足のため盛り場でも公演をするようになった。そしてその盛り場は、オブセッションズたちが公演していた街の中心部とは異なり、一般民衆が足を運びやすい居住地近くのバーやレストランであった。

ソバー・ロイヤルズの当初のパフォーマンス内容は「演劇的な作品だった。」とソバー・ロイヤルズのマネージャーが説明してくれた。「(観客が) 座っているだけではとても退屈するので、音楽が必要だと考えたが、(スピーカーなどの) その場で歌うことができる機材がなかったので、マイムやドラマをした。ドラマの合間に歌を挟みこみ、またドラマに戻る。ところがバーに行くと、演劇的な作品はできない。歌を流し、妻が夫を愛するさまを表現して、滑稽な格好をしたりした」という。ここには、現在のカリオキの主要演目のひとつとなっている「コメディ」と呼ばれる演目の要素があらわれている。コメディとは、マイムと同様に口パクでパフォーマンスをおこなうが、より歌詞の内容を面白おかしく表現することに重きを置いた演目である。

さらに重要なのは、このグループが地元で制作された音楽（基本的にガンダ語の歌詞）を多用していたことである。当時から街の中心部のバーで働いていたＤＪは、「（自分がＤＪをしている）ここでソバー・ロイヤルズは地元の言葉でマイムをしていた。それを客が好んだ」と語った。この後、ほかのグループにも地元の音楽を使用してマイムやコメディがおこなわれるようになったことから、ソバー・ロイヤルズは地元の音楽を使ったパフォーマンスを広める役割を果たしたと考えられる。

憧れの対象の模倣から自分たちの表現へ

カラオケ・マシーンがカンパラに導入されてからカリオキという形態ができてくるなかで、担い手は大学生から幅広い多様な学歴の学生たちへ変化した。そして担い手の関心は音楽、ダンス、服装、英語などのアメリカ文化から、ウガンダやアフリカ域内のローカル文化へ変化した。その関心の変化はパフォーマンスを披露する場の大衆化にも関係した。

当時デジタル化が進み、多くの音楽がウガンダ国内で制作されるとともに、その制作された音楽が国内、近隣諸国、アフリカ域内からデータで入手可能になり、それがＤＪやパフォーマーたちの手を介して簡単に盛り場のコンピューターへと拡散できたという社会背景も無視することはできない（大門 2016a）。

　しかしここで着目したいのは、そのパフォーマーたちの関心の変化および披露する場の大衆化と、そこに伴うパフォーマンス内容の変化である。アメリカの音楽に合わせたアメリカの歌手たちのようなダンスを披露する場から、地元の音楽に合わせたマイム、もしくはコメディをする場に変わっていったことは、憧れの対象を模倣してその身体技能を披露する場から、自分たちに身近な音楽を楽しむ場への変化とも捉えることができよう。

サブリナズ・パブがある表通り

　コメディに関しては、曲の内容をよく理解し、それを滑稽にではあるが表現することが求められる。そのため、盛り場の人びとを惹きつけ、客に見せることに重点が置かれているので、客にとっては身近な音楽を楽しむ場となる一方で、パフォーマーにとってコメディの披露は音楽を単に楽しんでいるとは言い切れないかもしれない。

しかし、カリオキにおいて一番多く披露されているマイムはどうだろうか。

パフォーマーからは、「長時間ショーをするために、ダンスだけだと身がもたないので、休憩としてマイムが取り入れられた」という発言を得た。そのマイムが、曲の内容を表現することよりも歌っている様子を見せる、ゆるい口パクパフォーマンスとなっていったことを考えると、公演場所が学校から盛り場へと変化したことは、パフォーマー側の視点では、観衆に見せるために力を入れて演目をつくっていたことから、ある程度脱力して音楽を感じる場への変化となり、客側の視点に立つと、ダンスという専門的な技を披露される場からマイムというパフォーマーの身体をとおして音楽を感じる場への変化とも言い換えられる。そして、パフォーマンス空間に着目すると、それは「見せる／見せられる場」から「音楽とともにいる場」への変化と言えるのではないだろうか。

演者の身体から聞こえる歌声

実は、音楽を再生してそれに合わせて口と身体を動かし、歌を歌っているように見せて、実際には歌声を披露しないという、口パクのパフォーマンスは、カリオキだけでなくカンパラのあ

劇場「ラ・ボニータ」のステージ

らゆる場所で観察していた（調査当時の２００６年〜２０１２年頃）。そこで、本節と次節では、カリオキの場以外での口パクに着目し、カリオキの「マイム」の展開について考察を広げていきたい。

たとえば、演劇である。ウガンダで名高い劇団エボニーズは、１９７７年に歌を生演奏するバンドとして活動を開始し、その後演劇集団に転向を遂げた。１９９０年代にテレビドラマ制作を実施、その後、ドラマを撮影・編集したり、歌を録音・編集したりできるスタジオをカンパラに所有するようになる。そして２００６年からはカンパラの中心部にホーム・シアター「ラ・ボニータ」（客席数７５７席）を開設し、常時演劇を上演するようになった。この劇団が「ラ・ボニータ」にて上演する演劇のなかで、口パクのパフォーマンスを披露していたのだ。芝居の途中、ミュージカルのように感情表現のひとつとして、曲がスピーカーから流れ役者が歌いだすのだが、この歌う箇所が口パクでおこなわれるのだ。

これはほかの劇団の別の劇場での公演でも観察した。エボニーズ以外の劇団について考えるならば、生で演奏するバンドを用意できない、音響施設が整っていない、演者に歌う能力がないといった消極的な理由で口パクのパフォーマンスを選択していることも考えられた。一方で、このエボニーズに関しては、歌を歌えるメンバーがいて、ステージ上で声を拾うマイクや演者の体に装着できるピンマイクもあった。生演奏するバンドを用意することが金銭的事情で困難だとしても、せめて伴奏の録音を再生機器で流して、実際に歌うことはできるはずだった。しかしエボニーズは時には、演者の台詞も事前に録音し、全編その録音された台詞と歌声込みの曲を再生し、それに合わせて演者が口を含めた身体を動かして芝居をおこなうこともあった。実際の声が演者の身体から出るかどうかが重要な点として問われていないことが想像できる[2]。

しかし、エボニーズの口パクのパフォーマンスは、カリオキのマイムとは少し異なる。エボニーズたちは、身体全体をつかってその曲の歌詞内容をしっかり表現する。これは冒頭でとりあげたリップシンクとも似て非なるものである。芝居の流れや歌の内容によっては、演者は涙を流しな

2　何度か私はエボニーズの芝居に出演したことがある。全編録音された声と曲でおこなわれる芝居に出演したときは、外国人である私が「ガンダ語を話す」ことを見せることが重要視されて、私はピンマイクをつけて、実際に舞台上で台詞を言ったあとに、ガンダ語の曲をマイムした。出演内容については大門（2010）を参照。

がら口パクを行う。そこにオリジナルの歌手の物真似やパロディという要素を見ることは少なく、原曲のもつ物語（歌手の情報やそのプロモーションビデオのイメージ）とも距離をとっている。まるでその歌をじかに演者の身体に憑依させているかのようである。そのエボニーズの芝居上では、演者がその原曲の歌手として、演者の心情を歌の内容に重ねて表現するパフォーマンスとなっているのだ。もちろんこの劇場空間において誰も「歌っていないではないか」とツッコミを入れるものはいない。なぜなら、確かに客はその演者の身体から、歌を「聴く」からである。[3]

学校での口パク

私の調査当時、学校の教育現場でもマイムと呼ばれる口パクのパフォーマンスが授業の一環としておこなわれていた。たとえば、カンパラのある私立の小学校の校長は、マイムについて否定的な視点を伴いながら次のように語った。「マイムは１９９０年代の終わりに始まった。学校で

3　大門（2016b）ではカリオキと劇場やそのほかの日常におけるマイムについて紹介し、「口パクを聴く」ことについて執筆したが、カリオキとそのほかのマイムについての違いは言及していない。

やりはじめたのだ。もともとはなかった。マイムはクリエイティビティに欠けるものだ。政府がＭＤＤ（音楽・ダンス・演劇）を教えるように命じてきたときに、台本を書くよりマイムを教えるほうが楽ということではじまった」（２０１２年聞き取り）。ウガンダでは、初等・中等教育機関において、学校内や学校同士でＭＤＤ（音楽・ダンス・演劇）の分野で競い合う大会が開かれる。[4]

その種目は、「合唱（西欧の歌の歌唱）」「伝統舞踊（楽器演奏含む）」「詩」「芝居」などで構成されていたが、調査当時これに並んで「マイム」もおこなわれていた。先ほどの校長は、「大会があったら自分たちのマイムをする。歌を選び、子どもたち自身の芸術にする。かれらを訓練する。かれらにテーマを与え、歌を探してこいといい、（ウガンダで当時人気の歌手である）ボビー・ワインでもアイリーンでもだれでも探してくる。ＣＤプレイヤーを使って、マイムするのだ」と話した。

4　この種の大会があることは、ウガンダの北部の難民キャンプで生活している少年少女たちに焦点を当てた『War Dance（邦題：ウォーダンス／響け僕らの鼓動）』（２００８年公開）というドキュメンタリー映画でも記録されている。

芸術として評価対象となるマイム

２０１１年7月に一度、ウガンダ有数の国立ジャンボゴ大学の教員に連れられて、ある私立中学校で実施されたＭＤＤの大会を見学する機会があった。[5] そこでは、種目については次のように指定されていた（［　］内は私の和訳、もしくは実際に私が観察した演目内容についての説明である）。

・Solemn anthem　4分［宗教歌］
・Set piece (Western)　4分［＊英語の歌を合唱］
・Plays　15分［演劇＊英語使用］
・Poem　4分［詩＊英語使用］
・Speeches　4分［弁論＊英語使用］

5　見学した大会は２０１１年7月22日（金）に開催された「St. Lawrence Schools and Colleges Inter-Campus MDD Festival 2011」で、５つのキャンパスの学生が一同に会して演目を披露して競っていた。場所は St. Lawrence Horizon Campus の Sun Rise Hall であった。

・Uganda Original Composition　9分［*ガンダ語が使用されている課題曲を歌う］
・Uganda Traditional Dances　9分［ウガンダの伝統的舞踊］
・Mimes　8分［マイム］

マイムの使用曲は各グループで異なっており、英語曲（マイケル・ジャクソンの『What about us?(Earth song)』など)や、ガンダ語の曲(母親の愛をテーマにしたジュディス・バビリイェの『Maama』など）がつかわれていた。マイムの演目時には複数の生徒が出演し、主旋律のマイムをするものは1名のみであっても、まるでミュージック・ビデオでさまざまなシーンが映されていくように、複数の生徒たちが大・小道具、衣装を使って歌詞の内容を表現していた。

この大会の審査員は、マケレレ大学やジャンボゴ大学といった有名国立大学の教員で、その講評ではマイムについて「よくやっていました。しかし、目も使うこと。言葉を全員がわかるわけではないから。感情をしっかり込めること」などといった助言がなされていた。この大会に私を連れて行ってくれた大学教員によると、ほかの大会でも種目としてマイムが入っているとのことだった。このような学校教育の現場でのマイムで求められていることとは、その曲に合わせて身体を動かし、他者に何らかのメッセージを伝えることと考えられる。これは、カリオキのマイムよりも演劇でのマイムに近いものではないかと感じる。また大会で競い合っていることからもわかるように、演劇と同様、これは他者に見せる、披露することを強く意識したパフォーマンスになっている。

口パクのマイムもまた、学校教育の現場で学び、他者に披露するものとして認められていることから、日本にはない、ウガンダ特有の音楽の捉え方があることが考えられる。つまり、日本では公的な教育現場はもちろん、エンターテイメント業界でも「声に出して歌うこと」による力量の評価に重点が置かれており、他者の曲を口パクする場合には表現や芸能として評価されるためには、オリジナルの楽曲の表現を意識したものでなければいけない。そして口パクでの表現は、オリジナルの楽曲を比較対象とする一方で、オリジナルの楽曲を超えることはない。

一方、ウガンダでは教育現場やエンターテイメント業界において、表現のひとつとして口パク(＝「マイム」)が確立している。マイムが披露されているとき、評価者／客側は、マイムの表現がオリジナルの楽曲にどこまで似せられるか、パロディ化できているかということよりも、その演者自身の表現としてどこまで深いかを観察している。オリジナルの楽曲とは別に評価される対象としてマイムが存在しているように見受けられるのだ。

しかし、学校現場や演劇でのマイムとカリオキでのそれとを比較してみると、カリオキにおいて発生したマイムは「なにかを表現して披露する」という芸能として存在しているとは言い切れない。たとえば、カリオキのパフォーマーたちのなかには、盛り場では客が酒を飲んでいてきちんと自分のパフォーマンスを見てくれないことに不満をもち、カリオキをやめて、ダンスの技能を披露する道に進もうとするものもいた（大門 2015:113）。これによりカリオキの空間は「なにかを表現して披露する場」としてはうまく成立していないことがわかる。一方で、カリオキの現場で、私がステージにあがってマイムをおこなっていたとき、客が「本当に歌ってる？」と言いながらステージにやってくることがまれにあった。それは現地語で歌われた音楽に合わせてマイムをしているときに起こり、そのときにあわてて大きな声で実際に声を出すと、客はニコッと笑って小銭をにぎらせてくれるのだった。この出来事は、カリオキにおいて、マイムとはパフォーマーの身体をとおして曲を聴くものであることを実感させる。つまりガンダ語を話すことができないような肌の色の異なる外国人の身体が目に入ったとき、その身体からガンダ語の歌を聴くことに対して違和感を持つのではないだろうか。

改めてカリオキのマイムは、音楽を使って人と人の間に「見る／見られる」関係をつくるパフォーマンスではなく、ステージの上で、演者が音楽とともにあり、演者の身体をとおして音楽を鑑賞する楽しさ、ただそれだけの意義でもって存在していたことを、強調したい。

カリオキ文化の行方

本稿では、カリオキのマイムを取り上げ、単なるショー・パフォーマンスとは異なる点に着目し考察を重ねた。結果、カリオキの場は、歌っているかどうかはもちろんその音楽を表現できているかどうかが問われる場ではなく、音楽と身体が寄り添っている、もしくは音楽と身体が一体となる、その喜びをただ確かめる場であるというのが、私のたどり着いた結論である。

私が現地調査を始めたばかりの2007年、ウガンダのマケレレ大学でカリオキについて研究発表をしたことがある。その際、ウガンダ人の参加者から「あれは酔っ払ったマインドレスな人びとの娯楽であり、『文化』と呼べるようなものではない」とのコメントが出るという一幕があった（章末URL参照）。その場で別の参加者から、そのコメントへの反論が出たが、私自身はうまく返答できなかった。

これを15年越しにこたえるならば、カリオキとは「マインドレス」な状態の人びとが集まる場でおこなわれるからこそ、そこにウガンダの人びとの率直な音楽と身体との関係があらわれており、それは少なくとも日本の社会では見つけることのできないひとつの人間の在り方であり、それは「文化」とも呼べるものではないか、ということになるだろうか。飲酒して酩酊している人、テレビで放映されているサッカーの試合に夢中になっている客、隣に座る恋人ばかり見ている人、好きな音楽が流れたときに身体を動かす客、空になった炭酸飲料の瓶を回収するウェイター、そしてステージで身体を動かしている演者といった、各人のばらばらな行動を許容しつつ、時にそこにいる人びとの身体に入り込みぐっと感情を刺激するウガンダや西欧の楽曲の音、この音楽のアッサンブラージュそれ全体が「カリオキ文化」なのである。

そして中でもカリオキのマイムは、音楽が音そのものだけで成立し得ないことを示すと同時に、音楽を使って何かを表現するという、人による音楽の支配から解放されていた。あの口パクは、音楽が私たちの身体とともにあり、身体を介して音楽がうごめきだす、言うなれば音楽と呼びならわすものの力が存分に発揮された演目だったのだ。

長く現地調査から遠ざかっていた2020年、ウガンダ政府は新型コロナウイルス感染症への対応として3月末より夜間外出禁止令を発表した。その後、その夜間外出禁止令は、2021年1月に予定されていた大統領選挙にかかわる政治的な圧力も相まってか、2年間継続した。2022年1月下旬にようやく夜間外出禁止令が撤廃され、その3月に私がカンパラを訪問したとき、「2年ぶり!」とステージで繰り返す演者たちとそれを見守る観客たちの熱気にあふれた劇場内を見た。

ただ、カリオキが今も継続されているかはこの目で確認してはいない。すでにコロナ禍以前に下火になってきているという話を聞いていたし、芸能事情に詳しいウガンダ人からは2022年8月に「今はライブバンドの演奏に取り代わってきている」と聞かされた。私が現地調査をしていた当時、カリオキを担っていたパフォーマーたちはそれぞれ別の職に就き、なかには改宗を理由に盛り場に近寄らなくなったりしていると聞く。

もしかしたら、ここに記してきた話は、もう消失しようとしている音楽と身体のあり方なのかもしれない。とはいえ、「音楽の力」がなくなることはない。あの圧倒的に音が満ちた空間で、パフォーマーたちと、その場にいる人たちと、ひたすら音に身体を添わせ続けたあの瞬間は、私の身体のどこかで甘いしびれとなって残っている。

参考資料

〈文献〉

大門碧　2010　「ウガンダの首都、カンパラの舞台に登場した〈白人〉」『アジア・アフリカ地域研究』10(1): 83-89.
――2015『ショー・パフォーマンスが立ち上がる：現代アフリカの若者たちがむすぶ社会関係』春風社
――2016a「学校から盛り場へ：ウガンダの首都カンパラにおける若者文化「カリオキ」の大衆化の過程」『アフリカ研究』89: 15-27
――2016b「口パクを聴く―ウガンダのショー・パフォーマンスの現場から」SYNODOS『シリーズ：等身大のアフリカ／最前線のアフリカ』(協力：NPO 法人アフリック・アフリカ) https://synodos.jp/opinion/international/16102/
――2021「権威をかわして音と戯れる：ウガンダのショー・パフォーマンス「カリオキ」のプログラム作成をめぐって」野澤豊一・川瀬慈編『音楽の未明からの思考：ミュージッキングを超えて』アルテスパブリッシング pp.195-209
Kooijman, Jaap. 2006. 'Michael Jackson: Motown 25, Pasadena Civic Auditorium March 25, 1983.' In Ian Inglis (ed.) Performance and Popular Music: History, Place and Time, pp. 119-127. Hampshire: Ashgate Publishing Limited.

〈URL〉

国際シンポジウム“Re-Contextualizing Self/Other Issues”（２００７年10月２－３日開催）プログラム内容　https://areainfo.asafas.kyoto-u.ac.jp/nfs/ugandasympo/index.html「成果と課題」　※２０２４年1月23日閲覧

〈筆者によるカリオキ実演動画〉

〈第三章〉

音を継ぎ合わせる「視線」

インドの歌舞踊ラーワニーの舞台実践から

飯田玲子

記譜法なき歌

「なぁ、いま彼女は俺の方を見ただろう?」

隣に座る男性客は、アルコール混じりの息を弾ませながら、私にそう言った。劇場の照明は落とされ、舞台の上の踊り子だけに照明が当てられ、周囲の暗さが彼女の顔を一層際立たせていた。踊り子は自分に「気がある」ように見えるということ、そして自分に向けて「愛が題材の踊りを舞ってくれている」ということを彼は言いたいように見えた。

これはわたしが、インドのプネーという都市で、タマーシャーとよばれる大衆芸能と、演者の生活世界についてフィールドワークをしていたときに頻繁に聞いた言葉である。大衆芸能タマーシャーのなかでは、コメディやお色気、シリアスな社会劇なども演じられるが、圧倒的な人気を誇るのが、「ラーワニー」と呼ばれる歌舞踊である（参考動画は章末のＱＲコードへ）。

ラーワニーはインドの他地域の古典声楽と体系が異なり、記譜法を持たず、時代や演じられる場によって音律が変わる歌である［Olson 1984: 2-3］。常に変化するラーワニーをあえて定義すると、固定的かつ決まった音楽としての体系は存在せず、時代の変化や、パトロンの変化によってその内容は変わりながら、口承で伝えられてきた民謡（folk song）である［飯田 2020: 34-36］。ただし、ボーカルだけで成立する訳ではなく、踊りもセットになって演じられる。ラーワニーの題材はさまざまで、日常生活の一場面や、寺院参詣や巡礼といった年間行事、あるいは季節の移り変わりを題材としたもの、義母と嫁の諍い、社会運動をテーマにしたものなどが存在する。そのなかで、もっとも観客からの支持を集め、演じることが請われるのは、性愛をテーマにしたラーワニー（*śṛunghārik lāvṇī*）である。

顔に被せたサリーの裾を払い観客を「見る」踊り子（2012年10月　プネーにて）

音を創り出す演者たち

ラーワニーが演じられる際、舞台の上には踊り子と、ドールキーとよばれる両面太鼓の奏者、手で「ふいご」を操るオルガンであるハルモニウムの奏者、音楽と踊り子に合わせて、舞台袖か後方で歌を歌うプレイバックシンガー[1]が立ち、生演奏と生歌にあわせて、踊り子が踊りを披露する。テレビや映像作品など、スタジオでラーワニーが収録される場合は、録音と録画が別々におこなわれ、後から一本の映像作品になる。

ラーワニーの上演の際には、観客が「踊り子が自分を見た」と思わせることが重要であり、踊りが継承される場面でも、視線をつかう（*najarā najare*）ことが徹底して教えられる。金払いの良さそうな観客が劇場に観に来ていれば、その人物を見つめながらラーワニーが踊られ、初め

1　プレイバックとは、インド映画のなかで映画の歌の「吹き替え」ないし、歌を吹き替える行為を指す［Arnold 2000:538］。映画の歌の吹き替えは、スタジオという観客も俳優も不在の場で歌が歌われ録音される。録音された歌は、映画撮影の現場で再生され、それにあわせて俳優がリップシンクする。ラーワニーのプレイバックは、観客も演者も場に存在しており、場の状況に応じて歌い回しを変化させる（歌詞を変えることはないが、同じ歌詞を何度も繰り返すことはある）。

て舞台を観に来たような観客のこともしっかりと見ていると踊り子は言う。舞台を踏んでわずかしか経っていない駆け出しの踊り子は、なかなか視線を使えずにいることが多い。観客を見ることのできていない踊り子に対しては、一座のリーダーから厳しく指導が入る。この歌舞踊において、「視線」はとても大事なツールとして機能している。

ここで、視線が重要な役割を果たすことがわかる、ある一座で参与観察（私に与えられた役割は、カメラやビデオ撮影、裏で道具を片したりすることなど）をしていた際に起きたエピソードを紹介しよう。

その日私は、開演前の楽屋で、舞台に上がりたくないという踊り子の愚痴を聞きつつ、他の踊り子から、舞台で使うから探すよう頼まれた小道具を探していた。それは、電球の周りを赤いセロファンで囲み、持ち手の木の棒を下につけた「松明」を模したものだった。「松明がないと踊れない」と言われ、私は大慌てで捜索し始めた。松明は「みつめる女」というラーワニーを踊る際に必要だという。この曲は、夜の森で恋人の姿を探す女性が主題になっている。暗い森を照らす灯りとして、また燃え上がる恋の炎を表現する小道具として、踊り子たちが使っていた。その重要な松明が見当たらないというので、楽屋をはじめ、衣装ケースのなかやカーテンの裏、踊り子が乗ってきた借り上げバスの座席の下まで、考えられそうなところはすべて探してまわった。

それでも、結局「松明」は見つからなかった。開演時間が迫るなか、「今からセロファンを買ってくるしかないのか。しかし、そもそもこの街のどこに行けば炎の色を表現できる色セロファンが買えるのだろうか。手に入ったとしても、急いで劇場に帰って小道具を作り直して、開演に間に合うだろうか…。」などなど思い悩んでいると、松明を探すように私に依頼した踊り子が、松明がなくても踊れると言い出した。

「ないと踊れない」と言ったじゃないかと、私は思わず怒り出しそうになった。しかし、実は内心ホッともしていた。万が一見つからなくても、彼女たちは無かったら無かったで踊ることができるのだろうな、という直感に近いものがあったからだ。松明なしで踊るという決定を聞き、小道具を絶対に探し出さねばならないという命令から解放された私は、他の踊り子から、別の難題を出される前に楽屋から居なくなろうと、観客席に座って公演を見ることにした。いわゆる参与観察中の「サボり」というやつだ。もちろんそれ以上に、純粋に彼女たちが不足の事態を乗り越えて、どのように別の表現をするのかを見たかったという気持ちもあった。

その日は小道具の松明がないので、夜であることを表現するために、舞台照明は一つだけ点けて、踊り子の顔だけを写すことが急遽決まった。天井から、白色の光が細く一筋だけ踊り子に当てられると、一瞬にして夜の月明かりに照らされる女が舞台に現れた。

「見つめる女」の歌詞はこうだ。

私は恐ろしい新月の夜に心に火を灯した
土蛍が飛び夜虫たちの歌が森に響いた
私の愛しい人、愛しい人はどこにもいない
私はどこを探すべきなのだろうか
彼はここにいない
彼が笑いながら私を見ていたのに
背が高くて壮健で気取っていないハンサムな男
彼の顔は黄金のかけらのように輝いていて
それが私の心に残っている
彼は左目で私にウィンクした
彼はターバンを巻いていた
彼の首の動きは私の心に槍を刺した
私の気持ちは顔の表情であなたに伝わって
私たちはお互いひかれあった
私たちは恋に落ちた

［飯田 2020: 133］

そして冒頭の観客男性の話に戻る。

彼が私に言った「彼女は俺を見ただろう?」という言葉は、なにも彼だけの言葉ではない。多くの（男性女性問わず）観客が、「踊り子と目があった気がする」と語るのである。何が彼らにそう感じさせるのか。それは単に、踊り子の視線と観客の視線が交差したということだけを意味してはいない。踊り子が演じる愛に燃える女性は、音と歌詞にあわせて、観客席を見渡す。詩のなかに現れる愛しい人はいったいどこにいるのかと。その過程で、踊り子は観客席に座る客に視線を投げかける。その視線は、観客に音や歌詞とともに、まさに心に矢を放たれたかのように突き刺さり、一種の擬似的な恋愛体験がそこに生まれる。表情だけで演じられたその日の「見つめる女」は、観客の男性らの指笛と歓声で包まれ、無事にその日の公演は幕を下ろした。

夜の森のなかで必死に愛しいひとを探していることを表現する恰好の小道具だと考えられていた松明はなかったが、照明を絞ったことで踊り子の顔と表情に観客の目は奪われることになった。むしろ、視線さえ使うことができれば歌舞踊として成立することが、小道具の不在という偶然のできごとによって証明されたともいえる。

なぜ「視線」なのか

大衆芸能の文脈において、視線や視線の交差に注目することは、何も新しいことではないのかもしれない。たとえば、コンサート会場におけるアイドルとファンの関係を考えた際、演者の重要な技法の一つは、間違いなく視線である。「推しのアイドルが自分を見てくれた」という経験は、雑誌やテレビ、映画やインターネット上で見ることのできる「みんなのアイドル」と「one of them であるファンの私」といった関係から、「アイドルに固有の存在として認識された私」への意味変化である。

確かにそのファンを見つめたのかどうかは、アイドル本人に尋ねない限り、本当のところは分からない。しかし視線の交差とは、自らが他の誰かと代替不可能な単独性を帯びた存在［柄谷 1989:11］として他者（この場合は好きな相手）の目に映ることを、再帰的にリアリティを持って想像できる機会なのである。動画サイトや SNS で配信をおこなうアイドルも増えるなか、依然として間身体的な関係に拠るコンサートが大きな力を持つ理由とは、視線の交差によって他者と繋がることができるからである。

本稿が対象とするラーワニーにおいても、上述のアイドルとファンにおける視線論と同様のことが起きている。しかし「視線」に対する価値や意味は、インド社会やその舞台芸術の文脈においては、かなり特殊なものである。以下に、インド社会において「見る」ことや視線がどのように捉えられてきたかをみていこう。

インド社会における「視線」

インド社会において「視線」は、大きな力を持つものとして認識されてきた。たとえばエック［1985］は、聖なるものを視覚的に認識する際には、参詣や礼拝に行くとは言われずに、サンスクリット語で「見る」ことを意味するダルシャン（*darśan*）の言葉が使われることを指摘する。私たちが「参拝」と呼び、人が神や仏、聖なるものを拝むという一方向的な視線行為は、インド社会のダルシャンの文脈においては、神の前に立って人々がみずから神を「見」て、そして神から「見られる」という双方向的な視線のやりとりによって成立している。また宗教絵画や神が書かれたポスターを見ることも礼拝行為であると考えられており、視線を通じて神の加護を得ることができるとされる［Eck 1985］。

ピニー［2009］も、インド社会におけるダルシャンの力を認めた上で、19世紀後半に登場したクロモリトグラフ印刷（多色石版刷り）が、宗教絵画やポスターの作風に大きな影響を与え、そして絵画が公共の場や家庭に広く普及していったと指摘する。また、「見る」ということは、単なる視覚だけで見ることが実践されているわけではなく、すべての感覚を同時に動員する身体感応（corpothetics）によって成り立っており、それこそがインドの特徴的な美学実践であるとしている。[2] ポスターの神と鑑賞者のあいだの視線の交換によって、神の力の有効性が発揮されること、いわばイメージが見る者との相互作用によって、「神の力」が生き生きとしはじめるのである［Pinney 2003: 190-191］。

一方で、視線の交換がもたらす暗部として、邪視（evil eye）を見過ごすことはできない。邪視は、世界各地に存在しており、妬みにもとづく視線を通じて、相手や相手の持っている者に悪い影響をおよぼすという考え方である。インド社会において邪視は、邪術や悪霊に比べると、もたらされる災厄が軽微であり、日常的な出来事であるとされる［小松原 2005: 164-165］。新しく家を買った、車を買ったといった富に対してや、出世した、結婚式を挙げた、子供が生まれたなど、おめでたい出来事に対する妬みなど、あらゆるところで妬みの視線が飛び交うため、対抗

2　これは、主観的な判断による、カント的な意味での「美学」（ethics）とは異なるものであることを示している。

策として邪視除けのお守りが飾られる。[3] 邪視も、放ち手の一方向的な視線では成立しえない。「あのとき、○○さんがじっと見ていた」という、もう一方の解釈があってはじめて、視線の間接的な交換が達成され、その視線が意味を帯びはじめる。インド社会においては視線そのものよりも、「見る」という行為に対して価値や意味づけがなされているのである。

見ることの交差、いわゆる視線の交換は、聖なる力や邪悪な力だけではなく、俗なるエロティックな欲望をも発露するものとして解釈されてきた。たとえば、女性の身体や視線をめぐってである。19世紀後半からの社会改革活動や、英国からの独立運動のなかで、女性の身体や性、社会的な地位に関して盛んに議論された。多くの古典芸能が「国民文化」として創造されたが、それは芸能の非性化（de-sexualisation）を伴うものであった。

例えば、宮殿付きの芸妓であったタワーイフと呼ばれる女性の踊り子や伴奏者は、英領期に入ると、他の芸能の歌姫や舞姫らとともに、「ナウチ（あるいはナウチ・ガール）」と呼ばれ、娼婦と同一視され蔑視されるようになっていく［田森 2016］。一方で、南インドの舞踊バラタナーティヤムは、寺院付きの芸妓の踊りに付随する性的な所作を取り除くために、デーヴァダーシー

3　邪視よけのお守りには様々な種類があり、地域によっても異なる。インド全土で広く見られるのは、唐辛子とライムを紐で結んだお守り（*nimbu mirchi*）である。リキシャーや商店の軒先やリキシャーに取り付けられることが多い。

（神に使える侍女）の家系の出であるルクミニー・デーヴィー（1904-1986）を中心として、身体動作の改革運動がおこなわれた［井上 1993、1998］。北インドの舞踊カタックや、他の芸能のなかでも「反ナウチ運動」が展開され、衣装や身体の所作から性的なものを廃し、「正統な芸能」を創出することに成功した。

ルクミニ・デーヴィーが創設した音楽学校「カラクシェートラ」では、踊り手が視線を向ける相手は常に神であることが教授され、舞踊は世俗の観客に向けてではなく、神に向けた捧げ物であることが強調され教育されている。現在でもインド芸能、特に古典舞踊においては、観客の目を見つめながら踊ることは、忌避すべき身体行為とされている。

ラーワニーにとっての視線

しかしラーワニーは、上述のナショナリズムの高揚に伴った身体芸術改革の波に乗ることはできなかった。「正当な芸能」では忌避される観客との視線の交換は、ラーワニーにおいては廃止することが難しい身体技法の一つだったからである。たとえば、彼らの世界では「表情（*ada*）が良い娘を持つと、その家は豊かになる。（*nācaṇārya mulīcī adā canglī asel tar phaḍśrīmamt hoto*)」という言葉がある［飯田 2020: 27］。ここで言う「表情」のなかには、目を大きく開けたり、伏し目がちにしたり、上目遣いで相手を見るなど、さまざまな視線の向け方が含まれる。特にロマンチックな視線や愛に満ちた視線は「甘い視線（*mithi nazar*）」[4]と呼ばれ、踊り子にとって重要な身体技法である。

英国植民地以降も、村の小作農民や都市の労働者男性が主な観客であったことも一因だろう。観客の男性にとって踊り子の女性と目が合うことは、「魅了される」という身体経験である。観客は、公演中に立ち上がって前に詰め寄ったり、その場でリズムに乗って踊り出したりと踊り子の気をひく。踊り子らもそのことを理解しており、観客の男性に訴えかけるような目線を駆使する。舞台と客席はこうした視線を介した交流の場としても機能している。

とりわけ大口のパトロン男性が客席にいる（彼らは往々にして座席の中央に座っている）場合の踊り子の視線は特徴的で分かりやすい。曲の始まりに、サリーの裾の部分を頭に被せてステージにあがり、顔を隠したまま太鼓のリズムに合わせてその場でステップを踏んだ後に正面を向くと、ゆっくりと顔にかけられた布をめくる。踊り子の下顎、口唇、そしてようやく目が開示さ

4　インドの他の地域でも、愛や賞賛による邪視を「甘い目（*mithi nazar*）」と呼ぶという報告もある［e.g.Abbot 1932: 120］。Appadurai［1990］や小松原［2005］も指摘するように、賞賛や祝福は、邪視が活発化する契機にもなることから、「悪い目（*buri nazar*）」と呼び分けていると考えられる。

顔を覆い舞台に登場した踊り子たち

れると、観客の歓声と共に劇場は一気に盛り上がりをみせる。このとき踊り子の「目」は、たしかに全員のもとに現れるが、その視線が向く先こそ、パトロンの男性である。その後、踊り子はラーワニーを踊りながら、パトロン男性以外の観客にも視線を投げかける。しかし最後に、踊り子自らの右手で自らの額に触れることで、舞踊を見てくれたことへの謝意と相手への敬意を示す挨拶（ナマスカール／*namaskār*）のジェスチャーをする際、右手越しの目はパトロンの男性に向けられている。舞台に出てきて初めて見つめる相手と、終わりに見つめる相手は同じ男性だが、終始パトロンだけに視線が向けられるわけではなく、ラーワニーの途中に踊り子は舞台の隅々にまで目を配り、ほかの観客とも視線を交わらせる。

その他多くの観客にとっては、舞台と観客席の間で行われるチップのやり取り（*daulat jādā*）が、踊り子に最も接近できる機会になる。これは曲をリクエストするためにも機能しているが、実際には踊り子に近づきたい、受け渡しの際に踊り子の視線を独占したいという、観客の願望を満たす機会になっている。チップは、踊り子にとっても重要な収入源になっており、劇場内にお金を持っていそうな男性がやってくると、踊り子の目線は、その男性に何度も向けられる。このように「視線」は、ラーワニーにとって、お客を魅了し、チップを得たり、旦那になってもらったりするための極めて重要な技法のひとつなのである。

「あなた」と交わるための視線

ここで事例として、別の日に演じられた「あなたの考えは（*vicār kay āhe tumca*）」というラーワニーのことを詳述する。このラーワニーは「あなたの考えはなに？　あなたの考えていることを私に教えて」という、恋する相手の気持ちや考えていることを知りたいと願う女の歌と取ることができる。

しかしこの日の踊り子は、肝心のサビの「あなたの考えはなに」のフレーズに差し掛かった瞬間に踊りをピタッと止め、観客席を見渡し、前列に座った男性の観客に対して右手の親指と中指でＶサインを作り指の腹を上に向け左右に振るハンドジェスチャー（これは、相手に何かを尋ねる際に用いられるインドのハンドサインである）を作り、「あなたの考えは」と口パクで尋ねた。突然のことに動揺した男性客に対して、私はあなたに聞いているんだ！　と言わんばかりに、今度は自分の腰に手を当て、茶目っ気たっぷりに目を開いて首をかしげながら男性を見る。男性は照れたように笑い、そして観客席からもクスクスと笑いがこぼれ出した。笑いが起きたことで場が温まると、今度は後方の観客へと視線を移し、顎をしゃくり上げながら目を見開く。すると先ほどと同じ、なにかを尋ねる時のハンドジェスチャーで、同じフレーズが口パクで繰り返された。眼差された（と本人は考えている）観客男性から、応答として指笛が吹かれると、他の観客たちからも指笛が鳴り、場内は一気に活況を呈した。

踊り子は、劇場の四方八方に視線を向け、ハンドジェスチャーと口パクで観客を煽ると、その度に指笛の数は増えていった。その様子に踊り子が満足すると、踊り子は舞台の中心に戻り腰に手を当てた。その瞬間、彼女が口パクで「あなたはいま何を考えているのですか。どうやったらあなたの歓心を買うことができますか？」と口唇を動かすと、プレイバックシンガーは遅れを取ることなく、生歌を響かせた。歌に応答するように、太鼓がリズムを刻むと、ハルモニウムの旋律が奏でられ、すべての「音」が舞台上に揃ったところで、踊り子はサリーの裾を左脇に挟み、その場でくるくると勢いよく回転し始めた。太鼓もすかさず叩くピッチをあげ、ハルモニウムもそれに続く。速くなったメロディラインに合わせてプレイバックシンガーも歌い始めた。踊り子の旋回がスピードを増すと、彼女はもはやリップシンクはせずに、音の渦の中心にいることに喜びを見いだしているようだった。場内は熱狂に包まれた。最後に観客席に向かってピタッと止まると、観客席を四方に見回しながら額に手を置き、観客への謝意と敬意を表して(「ナマスカール」と呼ばれるジェスチャー)舞台袖に退場していった。

ここでおこなわれているのは、踊り子と観客の即興のやり取りだ。しかも観客との視線の交換を重ねる毎に、会場の一体感が創り上げられていくプロセスを見ることができる。言うならば、踊り子の視線の投げかけと、それを引き受け反応を返す観客のあいだの、「視線の相互作用」によって、音(舞踊)の媒介性とその力の効果が増大していったのである。

偶発的なできごとを巻き込む視線

視線は交換されることによってのみ力を発揮している訳ではない。たとえば、想定もしていなかったことが起きた場合、その事態を掴み、それに応じて次の動作を決めるのもまた視線である。

次に紹介するのは、公演の最中に偶発的に起きた、間の悪いできごとへの踊り子の対処についてである。

ラーワニーの公演で、携帯電話をマナーモードにすることが推奨されるような場面には出くわしたことがまだない。鑑賞中に電話がかかってくると、席を立ち上がって電話をかけに行く観客の姿もよく見受けられる。それは決して、他の観客に迷惑だとか公演の邪魔になるからという配慮ではなく、単純に、舞台からは踊り子の足鈴の音やマイクを通した大きな楽器音や歌声が流れてくるため、電話で誰かと話そうにも相手の声が聞き取りづらいのである。そうやって席を立つ人に対して、誰かが咎めることもない。ただし、ラーワニーとラーワニーのつなぎや、一曲のなかでも踊り子や楽器が動きをピタッと止めて「空白という音」を作る瞬間に客席から着信音が流れることで、音楽が壊される瞬間がある。私自身が客席にいてもドキリとする瞬間だ。

ある日の公演で、ラーワニーが終わり、音が止まった瞬間に、携帯電話のピピピピという音が鳴った。電話を受けた男性は、画面を見るとゆっくりと立ち上がり、劇場のドアから出ようとした。そのとき舞台上の踊り子がその男性を指さすと、足で床を滑らしながら、足鈴で同じ数だけリンリンリンリンリンと鳴らしたのである。踊り子の人差し指の方向はマナーモードにしていなかった男性に、笑いながらまん丸に見開いた視線は他の観客に向いていた。踊り子の一瞬のアレンジに、観客席からは笑いとともに指笛が飛んだ。

ラーワニーは踊り終わっていたので、携帯電話が鳴ろうとも、無視してしまえば良かったのかもしれない。しかしその事態を足鈴で即座に模倣し、観客を再度舞台に引き戻し、指の向きと視線を非対称に用いることで、特定の誰かと私たちという、一種の共犯関係を踊り子は創り出した。携帯電話の着信音という予期せぬ音だけを残すと、次のラーワニーとの繋ぎは俄然悪くなる。偶発的に現れた無機質な電子音を足鈴に変えることで、観客の陶酔を醒めさせることなく、身体と視線で音をつなぎ、自らの芸のなかに巻き込んだのである。

この踊り子による即興のパフォーマンスのあいだ、楽器隊やプレイバックシンガーの視線は、踊り子ひとりに注がれていた。多方向からあがった歓声や指笛の音は、誰かがまとめる必要がある。踊り子は観客の様子を確認するために、劇場をぐるりと見渡し、ナマスカールの姿勢を取るために額に手を当てると、両面太鼓の奏者が「今度こそ終わり」と言わんばかりに力強く太鼓を叩くと、ようやくラーワニーは終わりを迎えた。

音と演者と観客をつなぐ視線

視線の交錯とは、音楽の五線譜に例えられるかもしれない。視線でつかんだ観客の欲望を、踊り子はその身体を通して具現化する。ラーワニーの場で楽器を演奏する太鼓叩きやハルモニウム奏者は、踊り子のステップが変わったことや演目が終わる瞬間だと踊り子が判断したことなどを察知して、音を変える。プレイバックシンガーも同様だ。歌詞が生成され続けることはないけれども、何度踊り子が同じ箇所を繰り返すか、次のメロディラインに行くのはいつか、常に踊り子を見て歌う。踊り子は観客を見ながら、彼らの欲望をどう具現化できるか、彼らをどう舞台に引きつけるかを考えながら視線の交換をおこなう。しかしそれは観客と踊り子の二者関係にとどまるものではない。楽器隊は踊り子の一挙手一投足を見逃さまいと、踊り子に視線を放っている。踊り子の視線を媒介として、音を奏でる楽器隊と観客もつながっている。だからこそ、視線はいわば五線譜なのだ。そこに観客や偶発的なできごと、予想していなかった音などが配置され、それによって音楽が奏でられているのである。

引用文献

Abbot, J. 1932. The Keys of Power: A Study of Indian Ritual and Belief, London: Methuen &Co, Ltd.
Appadurai, A. 1990. Topographies of the Self: Praise and Emotion in Hindu India,

in Lutz, C and Abu-Lughod, L ed. Language and the Politics of Emotion (Studies in Emotion and Social Interaction), Cambridge University Press.

Arnold, A. 2000. Film Music: Northern Area in Garland Encyclopedia of World Music. South, Asia the Subcontinent. New York: Garland.

Beaster-jones, J. 2014. Bollywood Sounds: The Cosmopolitan Mediations of Hindi Film Song, Oxford: Oxford University Press.

Eck, L D. 1985 Darśan: Seeing the Divine Image in India, New York: Columbia University Press.

Indraganti, K. 2016. Her Majestic Voice: South Indian Female Playback Singers and Stardom, 1945–1955, Oxford: Oxford University Press.

Olson, R K. 1985. The Lavani of Maharashtra, A Regional Genre of Indian Popular Music (Folk Music, Tamasha), Ph.D. Thesis submitted to University of California, Los Angeles.

Pinney, C. 2003. Photos of the Gods: The Printed Image and Political Struggle in India, London: Reaktion Books.

Shrinivasan, A. 1985. Reform and revival: The Devadasi and Her Dance in

Economic Political Weekly, 20(44): 1869-76.
飯田玲子 2020『インドにおける大衆芸能と都市文化――タマーシャーの踊り子による模倣と欲望の上演』ナカニシヤ出版
井上貴子 1998「南インドのデーヴァダーシー廃止制度―英領期の立法措置と社会改革を中心に」『史学雑誌』107(3): 1-34.
柄谷行人 1994『探求Ⅱ』講談社学術文庫
小松原秀信 2005「インド社会の邪視に関する諸研究レヴュー」『史苑』65(2): 164-180.
田森雅一 2011「近代北インド古典音楽における社会音楽的アイデンティティの構築：英領インド帝国期の”カースト統計“と”ナウチ関連問題“を中心に」『国立民族学博物館研究報告』35(4): 583-615.

〈ラーワニーの関連動画〉

2　うみだす（創造）

〈第四章〉

醸される島の音の力

三宅の声と太鼓が生み出すアッサンブラージュ

小林史子

奥深き太鼓の魅力と人々をつなぐ声

楽器には、不思議な魅力がある。素朴な楽器にも深い魅力が備わっていたり、一見、楽器に見えないようなものにも、思いがけない可能性が宿っていたりする。そして、先人が自然と対峙しながら意匠を凝らしてきた楽器は、音が鳴っていない時でも、人の心を奪うことがある。

例えば、博物館や祭りの会場で不意に見かけた大きな和太鼓から、その大きさ故の存在感や威圧感はもちろん、その胴回りの木目の美しさやピンと張られた一枚の皮一枚の皮に、動植物が共存する自然の姿を感じ取り、衝撃を受ける。あるいは、美しく仕上げられた造形や光沢に込められた匠の技に、瞬時にして人間の叡智を感じ、ひととき現実から引き離されてしまう。楽器は、存在そのものが視覚的な芸術作品でもあるのだ。

しかし、楽器の本領が、そこから生まれる音にあることは、言うまでもない。楽器の姿形に心を奪われるとき、私たちは、自分の身体の延長として、その「モノ」が音を生み出そうとしていること、つまり、音色を内包した存在であることも感じ取っている。楽器との出会いは、新しい自分の一部との出会いなのである。そして、その楽器から生まれる音色をつなぎ合わせて音楽を作り出す行為は、人間の自然な欲求を満たすものであり、偶発性を伴った知的な営みでもある。人は、「モノ」に誘われるまま音を鳴らし、その音の連なりや重なりが、より心地よくなるように、自分の感覚を研ぎ澄ませ、創意工夫を凝らしてきた。

ところで、大きく存在感のある楽器といえば、近年、すっかり私たちの身近になった楽器に、グランドピアノがある。見目麗しい外観をもち、内部に鉄製のフレームと精緻なアクションを備えた、いかにも近代的な楽器である。幅広い音域をもち、複雑な音楽構造を表現できる。それに比べて、和太鼓は、シンプルな造りであると言える。シンプルであるがゆえの奥深さと直情的な力強さが魅力である。

和太鼓といっても種類は様々で、共通するのは、木製の胴に皮を張ることと、撥を用いて音を出すことである。胴の造りや皮の張り方によって、大きく3種類（長胴太鼓、桶胴太鼓、附締太鼓）とその他に分類される。このうち、長胴太鼓は、宮太鼓とも呼ばれ、神社・仏閣で用いられることから、厳かな雰囲気をもつと同時に、盆踊りには欠かせないものであり、学校の運動会でも使われたりと、身近な太鼓でもある。いずれにせよ、多くの人々が、この太鼓の演奏を伝統と認識し、そこに自らのアイデンティティを見出していることは、方々で論じられている。

では、いかにして太鼓は、私たちのアイデンティティと繋がっていくのか。それは、まず、太鼓の演奏が人や時代によって変化し、それぞれのアイデンティティを生み出すものであることによる。しかし、それは、単なる個人の好みとか、体格の違いによって変化するだけではない。たとえば、三宅島の神着地区の太鼓は、独特な変化を遂げて広く知られるようになった。そして、そこには、それぞれの太鼓の演奏と、人々をつなぐ声、「木遣り」の存在がある。

佐渡に渡った三宅スタイル

長年、ピアノに慣れ親しんできた私が長胴太鼓に興味をもったのは、「木遣り」との出会いからだった。木遣りとは、元々、大勢で大きく重たいものを動かす際の掛け声が定形化したもので、「木遣り歌」として、仕事歌（民謡）を指すときに使われるようになった。現代では、これが転じて、主に年中行事の際にも歌われている。

基本的な形式としては、まず、音頭をとる者が一人で歌い、一同がこれに続く。歌うといっても、音高やリズムを定めた楽譜があるわけでも、正しい発声法が確立されているわけでもない。また、大勢で大きく重たいものを動かす際の歌を総じて「木遣り」と呼ぶため、何をどう動かすのかという仕事の種類によって、様々な系統の木遣りがある。

さらに、その土地土地で変化しながら、口伝で日本全国に広がったため、同じ系統の「木遣り」であっても、細部は多種多様である。木遣りは「掛け声」であって、音楽ではないと考える人もいるだろう。しかし、その有り様は、いわゆる西洋音楽を専門にしてきた私にとっては、楽譜に固定され、歴史的に権威付けられた体系的な楽曲を扱う音楽とは異なる「音楽」として興味深く、あれこれと追いかけるうちに「木遣太鼓」なるものの存在を知るに至ったのである。

木遣りから太鼓に至る道程のはじまりは、「三宅」だった。「三宅」は、40年あまりの歴史をもち、世界で活躍する和太鼓芸能集団・鼓童の代表的な演目のひとつである。鼓童は、日本各地に伝わる芸能を取り入れながら、歴代メンバーの創造性によって、独自のパフォーマンスを発信し続けている。

２０１９年、木遣りについて詳しく知りたいと触れ回っていた私は、「鼓童は、『三宅』の前に木遣りを歌う」と知人から聞き、早速に調べてみた。すると、なるほど「三宅」の太鼓演奏の前には、木遣りらしき声による音楽がついていた。無料動画サイトで確認できるいくつかの動画では、鼓童を模倣したためか、国内外の和太鼓団体が、冒頭に木遣りを歌ったのち、各々独自の「三宅」を展開している。木遣りの部分は、時として和声的な響きを醸し出し、本来の木遣りとは大いに異なる趣となっているが、日常から非日常へと場面を切り替え、身体を音楽に没入させていく様子は共通しているように見える。

なぜ、和太鼓集団である鼓童が、「三宅」の前に木遣りを歌うのか。それは、この演目の成立過程に関係している。「三宅」は、伊豆諸島（東京都）にある三宅島の祭礼行事に伴う芸能が元になっており、鼓童の創設メンバーは、この芸能のうち、木遣りの部分を人づてに教わっていた。その源流を辿って訪れた三宅島で、木遣りが太鼓と共に歌われていることを知ったという。この時に出会った太鼓の演奏方法は、見たことのないスタイルで、これに感銘を受けたメンバーが、鼓童の舞台演目として「三宅」を創作した。そのため、この演目には、木遣りが取り入れられたのである。そして、「三宅」の元になった神着地区の芸能は、「木遣太鼓」として、今も地元で継承されている。

東京の竹芝客船ターミナル（竹芝桟橋）から大型船で6時間半、南に向かって海を行くこと約１８０㎞に位置する三宅島。この島に長胴太鼓が渡ってきたのがいつの頃か、正確なことはわからないが、今よりずっと長い時間をかけて船に揺られ、遠路遥々運ばれてきたことは、確かであろう。先人が、どのような思いで長胴太鼓を船に乗せたのか、知るよしもない。しかし、島の名前を冠した太鼓の演目が、国内はもとより、遠く海外にまで知れ渡るようになろうとは、夢にも思わなかったに違いない。鼓童のメンバーは、海を越えて楽器を持ち帰ることはなかったが、そのスタイルを本拠地である佐渡島まで持ち帰った。楽器は、すでに持っていたのであって、探していたのは、演奏スタイルだった。

打面の低い神着地区の長胴太鼓

三宅島は、面積約55㎢、周囲約38㎞。島の中央には活火山である雄山が位置し、集落はその裾に点在している。それほど大きな島ではないが、神着、伊豆、伊ヶ谷、阿古、坪田の5つの地区には、それぞれの特色があり、気をつけて島内を一周すると、集落ごとの雰囲気の違いがわかる。港がどの方向を向いているのか、また、噴火の影響がどうであったかに因るのだろう。

三宅島は、直近の百年間だけでも、昭和時代に三度、平成に入ってから一度、大規模な噴火を起こしており、その生々しい痕跡が島内随所に見られる。集落をつなぐ道はほとんどが曲がりくねった坂道で、車がなければ容易に行き来できるとは言い難い。海路なら平坦かと思われるものの、暴風に晒されることが多いことを考えれば、自動車用の道路が整備される以前は、常時気軽に行き来できたわけでもないと推測できる。

「三宅」のもととなった太鼓は、神着地区のもので、この地区は、島の北側に位置している。海の向こうは東京（明治以前は江戸の街）という立地だ。三宅島に最初に神が降り立った場所ということから付いた地名といわれ、古くから役所があった地区である。神着地区の太鼓は、低い姿勢から力強く打ち込む打法が魅力だが、本州と対峙しつつ大海原に囲まれ、荒々しい火山活動のもとで培われた打法であると思うと、感慨も一入《ひとしお》である。

噴火による泥流で埋まった鳥居

この地区の太鼓の特徴として、まず、長胴太鼓を横向き（横長）に据えて、二人で両側から同時に打つことが挙げられる。片方が主となるリズムパターンを打つ「表」、もう片方が基調となるビートを刻むように打つ「裏」となり、一台の太鼓で、「表」と「裏」のアンサンブルが生じるスタイルである。このアンサンブルでは、相手が打った振動が、自分が打つ皮の面に直接伝わってくるため、触覚や視覚でも、音の響き合いを感じることができる。ただし、太鼓の両面を両側から打つことは、それほど珍しいものではない。最も重要な特徴は、太鼓を据える高さである。これが、低い姿勢からの打ち込みにつながっている。

通常、長胴太鼓を横向きで演奏する際には、打面の位置が地面から1mほど上になるよう、太鼓を載せる台を組み、立位で構えた時に打ちやすい高さに太鼓を据える。演奏する場所や見栄えの都合で、さらに高い位置に据えることもある。しかし、神着地区では、地面と至近距離に太鼓を据える。地面に直置きすることもある。そのため、打面は、大人の膝のくらいの高さになり、相当に腰を落として打つことになる。以前は、座って打っていた人もいたそうだが、現在では、「表」は腰を落としたまま上体を大きく左右に移動しながら、「裏」も腰を落とした姿勢で打つスタイルが定着している。

人々を魅了する「三宅スタイル」

三宅島全体を見渡すと、各地区にそれぞれの太鼓の打ち方があり、腰を落とした姿勢で横打ちするのは、神着地区と隣接する伊豆地区のみに見られる特色だが、これをもって「三宅スタイル」と言ってよいだろう。

「三宅スタイル」として、神着地区の太鼓がとりわけ有名なのは、鼓童の「三宅」によるところが大きいといえる。鼓童のメンバーが三宅島を訪れた際、太鼓の手ほどきをしたのが、当時、神着地区で民宿を営み、祭礼で太鼓係を務めていた津村明男氏であり、このとき伝承した打ち方が、神着地区のものだった。神着地区には、島全体の祭礼である富賀神社の祭礼とは別に、地区の神社（御笏《おしゃく》神社）で毎年開催される牛頭天王祭がある。

この祭礼における芸能は、「神着木遣太鼓」として伝承されており、このうち、「打ち込み」と呼ばれる部分のリズムが、「三宅」の楽曲を構成する基本のリズムとなっているのである。この部分は、覚えやすいシンプルなリズム型の組み合わせでありながら、全身を太鼓にぶつけていくような力強さと、若干の軽妙さからできている。このわずかなコントラストが、人々をリズムの無限ループに引き込む見事な仕掛けとなり、腰を低く落として打つ姿と相まって、鼓童の「三宅」と共に普及した。

「三宅スタイル」の太鼓は、単なる鑑賞の対象に留まらず、また、愛好家が単純に鼓童の演目を真似て楽しむものに留まってもいない。多くの人が、「三宅」あるいはその元となった太鼓の芸能に、「自己表現」あるいは「ライフワーク」の一環として取り組んでいる。その要因としては、まず、演奏者と鑑賞者の線引きが緩やかであることが挙げられよう。長胴太鼓そのものが、鑑賞するより演奏したいという欲求を生む、とりあえず打てば音が出る楽器だからである。

牛頭天王祭で演奏される「神着木遣太鼓」

加えて、「三宅スタイル」は、低い位置に据えた楽器に対して、腰を落として構えるため、太鼓との一体感を得やすい。二人で両側から同時に打つときには、相手が打った音の振動が自分が打つ皮の面に直接伝わってくるため、触覚や視覚でも音の響き合いを感じることができることも特長である。さらに、前述のとおり、「三宅」あるいは、その元となった太鼓の芸能には、シンプルでありながら魅力的なリズム型と、身体を動かす楽しさがある。何度でも、繰り返し演奏したくなるのである。

また、一台の太鼓を2人ずつ、入れ替わりながら演奏することで、演奏者同士の間に音による密なコミュニケーションが生まれることも特筆すべき要因といえる。しかし、他にも大きな要因がある。それは、「伝承する人と場所」に関する特別な事情である。

伝承にまつわる事情

鼓童の「三宅」を伝承するのは、当然、鼓童のメンバーである。世界的な知名度と人気を誇るこの団体には、研修生の選抜制度があり、合格した者は、本拠地である新潟県佐渡島にある研修所で研修生活を送る。その中で、長年、舞台に立ってきた先輩から「三宅」の指導も受け、過去の演奏に遜色のない技能を身に付けるべく、鍛えられていく。

ただし、「三宅」には明確な作曲者がいないため、著作権が存在しない。鼓童のメンバーでなくとも、誰もが「三宅」を自由に演奏できる。動画を視聴して覚えたものを、著作権と関係なく人前で披露することもできるし、また、「自由に」とは、都合に合わせて好きなように改変できるということでもある。その結果、巷には「三宅」と題した類似のパフォーマンスが多数存在している。

なかには、鼓童とは何の関わりもない者が、無断で「三宅」を掲げているケースも散見されるのであろう。鼓童の楽曲を管理する有限会社音大工のホームページには、「伝統的な民族芸能を基本にした演目について」の注意書き（他団体が鼓童の楽曲を演奏する際、伝統的な民族芸能を基本にした演目については、原曲の地域の保存会などに連絡することを求める内容）がある。「三宅」は、もはや三宅島から切り離され、「三宅スタイル」のアイコンと化している。「三宅」は、技術的に選ばれた者によって限られた場所で正統に伝承されながら、同時に、どこの誰でも「自分のもの」として表現できるものになっているのである。

一方、三宅島では、神着郷土芸能保存会が、牛頭天王祭の太鼓をはじめとした地域のオリジナルな芸能を伝承してきた。地域に根差した芸能とは、地域住民が担うものであり、保存会の練習に参加するのは、基本的に地域住民である。しかし、神着郷土芸能保存会では、地域外の島民も練習に参加している。これには、2000年の噴火による全島避難と、それに伴う顕著な人口減少が大きく関係している。

噴火の多い三宅島でも、2000年の噴火はとりわけ大規模であった。4年5ヶ月にわたって、全島民が島外での生活を余儀なくされ、その影響は、今も大きく残っている。例えば、2005年には、島内での学校教育が再開されたが、噴火前に3校ずつあった小・中学校は、各1校の合同体制での再スタートとなり、2007年には、正式に統廃合された。すると、島に戻った人たちの間で学校を基盤とした人間関係が新たに生まれ、そこから新しいメンバーが神着郷土芸能保存会の練習に参加するようになった。

もともと神着郷土芸能保存会は、人口減という課題に対して、少しずつ参加者の属性を広げてきた経緯があり、2005年以降、さらに広がった格好である。現在では、おおよそ「来るもの拒まず」の姿勢で、官公庁やインフラ関係で転勤してきた一時的な居住者にも門戸が開かれている。こうした人々は、「その時の自分の生活拠点がどこであるか」の証明として、太鼓を打っているといえよう。

三宅島からの避難中に生まれた交流から、島外の太鼓演奏者が来島し、神着郷土芸能保存会の練習に参加することもある。太鼓を通して生まれた関係が、避難先での支援者と被支援者という枠を超えたつながりとなり、現在も続いているのだ。昭和時代の噴火で、日常生活が溶岩や泥流に埋もれ、憩いの風景が姿形を失う様子を目にしてきた島民にとって、島を離れての4年以上にわたる避難生活は、どれほど不安なものであっただろう。その間、島から持ち出してきた太鼓を預かったり、練習場所を提供してくれたりした人々との絆は格別に違いない。

このつながりから、神着郷土芸能保存会のメンバーが島外のイベントに参加することもある。その中でも、民族歌舞団として首都圏で活動している荒馬座が開催する「本当の神着木遣り太鼓を知る会」は、島外でも神着郷土芸能保存会の練習を体験できる場となっている。名称に「本当の」を入れることで、主に島民以外の人々が広めることでアイコンと化した「三宅」へのアンチテーゼとなっている点が興味深い。ただし、「本当の」には、奏法に関わるもう一つのアンチテーゼがあると考えられる。

三宅島芸能同志会という存在

「三宅スタイル」と神着地区の太鼓のリズムは、鼓童の知名度や、神着芸能保存会（以下、保存会）の門戸を広げた活動によって、多くの人が演奏するものとなっている。しかし、「三宅スタイル」が波及した要因には、三宅島芸能同志会（以下、同志会）による活動の影響もある。同志会は、鼓童に「三宅」の太鼓を伝承した津村明男氏が代表を務め、津村氏と3人の子息の計4名がメンバーである。彼らは、舞台演目として「三宅島神着神輿太鼓」を演奏するプロの演奏者であり、「三宅太鼓教室」を運営する指導者でもある。前述の通り、津村氏は、神着地区の牛頭天王祭で太鼓係だった人物であり、当然、保存会でも活動していた。そこから、同志会として活動するに至った経緯は、どのようなものなのだろうか。

津村氏は、もともと三宅島で民宿を営む傍ら、観光客などに太鼓の手ほどきをしていた。三宅島では、昭和四十年代の離島観光ブームを機に、祭礼行事の太鼓を観光客向けに披露するようになり、津村氏の活動も、こうした取り組みの流れの中にあるといえる。その際に彼は、保存会とは異なる、観光客向けの打ち方で教えていた。

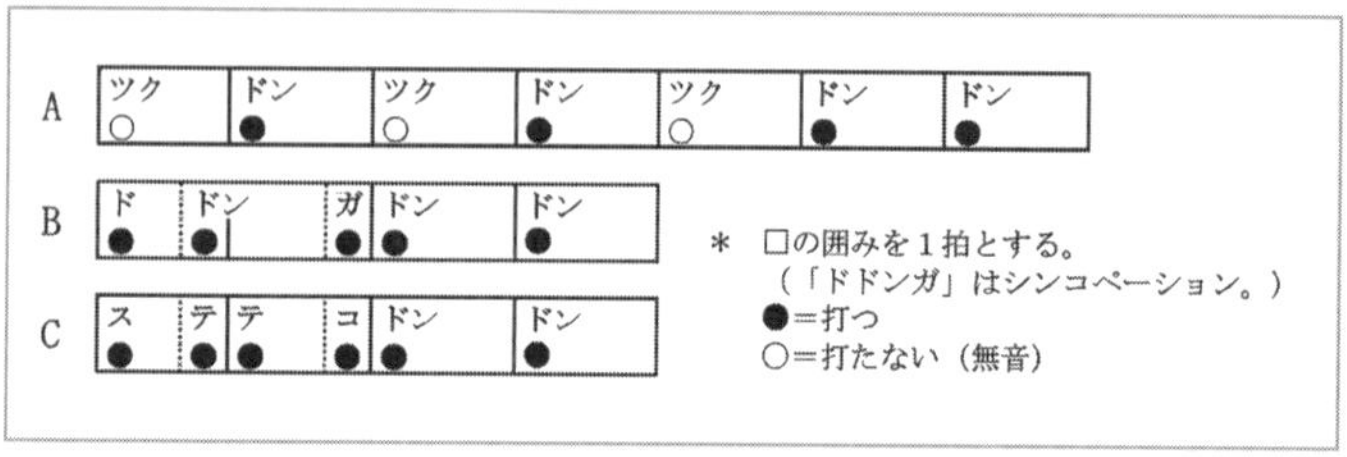

保存会との一番の違いは、リズムパターンを繰り返す回数である。「表」のリズムは、上図の通り、A、B、Cの3つのリズムを組み合わせたリズムパターンになっているのだが、保存会では〔A－A－B－C－A－B－C〕を1サイクルとして繰り返し、同志会では〔A－A－B－C〕のみで1サイクルとして繰り返す。1サイクルを短くするメリットは、主に2つ。まず、初めて演奏する際には、観光客であっても短時間で表のリズムに慣れて、「表」と「裏」のアンサンブルを体験できる。そして、後に稽古を重ねていく段階においては、太鼓の音色により集中できる。一般に「三宅太鼓」というときには、この短いサイクルを指すと考えてよい。

しかし、実際の祭礼では、太鼓は神輿巡行に合わせて、朝から夜まで長時間にわって演奏される。〔A－A－B－C〕のみの繰り返しでは、少々単純すぎるし、〔A〕の部分は、〔B〕や〔C〕よりも強く打ち込むため、〔A〕の回数が多くなると、体力的な負担も増加する。祭礼では、どちらかといえば神輿が主役であり、元来、太鼓は三人程の太鼓係が楽器を運びつつ、然るべき場所に着くと楽器を置き、裏と表を交代しながら打っていたという。祭礼の太鼓は、少人数で、とにもかくにも長時間にわたって打つこと

写真右が津村明男氏（公式ＨＰより抜粋）

が前提なのである。一日を通して神輿巡行を囃し、木遣り共に祭礼全体を締める気概をもって太鼓を演奏するのが「神着木遣り太鼓」の真髄といえよう。ここに、保存会が「本当の」という文言を使う理由がある。「三宅太鼓」の波及に伴って、それが祭礼の太鼓として認識されることへの問題提起なのだ。

同志会の太鼓と祭礼の太鼓には、もう一つ、大きな違いがある。同志会が演奏する「三宅島神着神輿太鼓」は、牛頭天王祭の神輿に合わせて演奏していた太鼓を舞台演奏向けに再構成し、独自の型と合わせて極めたものである。津村氏は、「島で打っている時は、自分が楽しめ、祭りが盛り上がれば良かったのですが、東京に出てきて舞台に立った時、自分が楽しむだけでは、太鼓の魅力を伝えることはできません」と語っている。いかにして、太鼓の魅力を伝えるか。津村氏の答えは、一打一打の音へのこだわりと、舞台で映える型を両立させることであった。

同志会の太鼓は、身体に響く音色とともに、美しい型をもつ。左手は、まず、遠く天を指すように撥を上げ、続いて、何かに狙いを定めるかの如く撥を左肩に載せる。そこから、刀を振り出すように、素早く、渾身の力を込めて太鼓の面に撥を当てる。右手は、腕を大きく外側に延ばして撥先を上に向け、その後、いったん肘を折って撥を後ろに傾けてから、体重の移動と共に打ち込む。舞台での見栄えも意識し、地面近くの低い位置に置かれた一台の太鼓に対して、縦横に大きな動きで魅せる型となっている。

どっしりと据えられた柔軟な足腰と体幹の滑らかな動きの中に、能の太鼓にも通ずる鬼気迫る構え、あるいは、歌舞伎の六方（天地と東西南北を表す概念）の所作が織り込まれているかのようである。舞台では、この型が、はじめはゆっくり悠然と、次第に速度を増しながら、華麗に繰り返されていく。そして、打音は、常に聴き手の身体に響く、深い音色を志向する。多くの人が、まず、この、耳に聴こえるより身体に響いてくる音の感覚に魅了される。

祭礼の太鼓は、神輿巡行を妨げることなく神輿や木遣りと一体化して演奏されるため、注目を引くような型は不要である。島の自然と向き合う生活の中で日々練習し、祭礼のために自分の型を見つけていく。もともと、左右に体重を移動する打ち方も、こうした個人の創意工夫から生まれたものである。それが、舞台で太鼓の魅力を伝えようと津村氏によって洗練され、定型化した。

同志会の太鼓は、太鼓を魅せるための演奏、太鼓のための太鼓に変容したといえる。

現在、同志会の太鼓は、首都圏の常設教室や国内外のワークショップで、メンバーから直接の指導を受けられる。常設の教室は9箇所あり、中でも新宿四ツ谷教室は、平日夜と土曜の午前・午後・夕方、日曜日にも開催する盛況ぶりである。日本文化への興味から門を叩く者も、運動不足やストレス解消のために稽古に通う者も歓迎され、初回から撥を持ち、とにかく太鼓を打つ。また、首都圏以外でのワークショップは、当地で自主的に立ち上がった「三宅会」や、既存の太鼓コミュニティが継続して開催しているケースが多い。つまるところ、多くの人にとって、非常にアクセスしやすいといえる。

しかも、「三宅太鼓」の奥深さは、一度や二度、体験しただけでは味わい尽くせず、打てば打つほど、自分の身体を使って極めたくなるものである。ちょっとした思い出づくりでは終わらないのだ。そうして稽古を継続した生徒は、合宿に参加し、同志会のメンバーと共にイベントの舞台に立つ機会を得られる。同志会の三宅太鼓教室は、初心者も、表現者として舞台に立つことを目標にする者も、同志会メンバーによるきめ細やかな直接の指導を受けながら、皆で一緒に稽古に励み、切磋琢磨できる場となっているのである。

このように、同志会の「三宅太鼓」は、三宅島を離れ、首都圏を中心に海外にまで広がっているが、その運命は、鼓童との出会いが予言し、２０００年の全島避難を契機に実現していったように思われる。津村氏は、全島避難後、三宅島に戻らず、東京都八王子市に移住した。生まれ育った土地を離れ、「三宅太鼓」のスタイルを磨くことで、新たな土地に根をおろしつつ、神着地区の芸能を自由に移動させられるものにしたのである。

地域の木遣りと音の記憶

郷土の芸能は、土地を離れて新しい演目となっても、もとになった芸能と無関係ではない。当然ながら、音楽を通して、常に郷土とつながっている。そのため、鼓童は、「伝統的な民族芸能を基本とした演目」を純粋な創作演目とは別のカテゴリーに位置付け、もととなった芸能への敬意を喚起している。

同志会の「三宅太鼓」は、郷土の芸能から得たエッセンスで作られた、いわばスピリッツのようなものといえるだろう。(これに準じていえば、鼓童の「三宅」は、リキュールとでもいえようか。)蒸留前の醸造酒が郷土の芸能ということになる。郷土の芸能がその豊潤さと新鮮さを保っていることで、「三宅太鼓」も勢いを失うことなく、研ぎ澄まされる。例えば、もし、神着地区の芸能が廃れてしまったら、「三宅太鼓」には、「地域の伝統を今に伝える云々」といった役割の期待が発生して付いて回り、舞台芸能として磨かれた部分への意識が後退するかもしれない。
　郷土の芸能を醸造酒とすると、原材料は、何といっても自然環境だろう。三宅島の自然は、地球の深部で蠢くマグマと、地球を覆う生命の源である海と共にある。そこから逃れることはできないが、芸能にとっては、尽きることのない不変の原材料となっている。そして、そこで生活する人々の人間関係は、酵母である。原材料の中で酵母がうまく活性化し、良い発酵が起こると良い酒になる。

　保存会は、練習参加の門戸を広げ、島外で活動することもあるが、そもそも、神着地区で活動することに存在意義があり、その中で、木遣りは、大きな役割を果たす。地域の木遣りで音頭を取る者は、状況に応じて場にふさわしい文句を発し、受け声を担う一同の心を動かさなければならない。大きなものを動かす「木遣り」の効果が発揮される場面である。祭礼であれば、行事の流れや機微を熟知した言葉の選び方や声の張り方、間の取り方が重要になることはもちろんだが、祭礼以外の日常生活における人間関係も、大きく影響する。日頃の人間関係が悪ければ、一同が受け声を発しないこともあるのだ。音頭は、覚悟をもって担う重責であるといえる。また、神着の木遣りと太鼓は、神輿のない場面でも演奏される。進学や就職で島を離れる者の餞《はなむけ》の場面などである。木遣りは、その時々に合わせた言葉で歌われる。こうした木遣りと共にあるため、「本物の木遣太鼓」は、島を離れることも、アイコン化することも有り得ない。さて、一方で、結局のところ、「三宅」も「三宅太鼓」も木遣りとともに演じられる。この太鼓のスタイルと木遣りは、切り離せないのだ。太鼓の音を導き、一体となったものとして、耳に蘇ってくるからだろうか。とはいえ、三宅太鼓の教室では、普段の練習で木遣りを歌うことはない。生徒各々が個人的なアクティビティとして太鼓を打つとき、木遣りは必要とされないのである。しかし、舞台での演奏に際しては、木遣りが入る。地域の祭礼と同様、木遣りが場の空気を作り、そこに互いの結束の証を巡らせるのだ。木遣りには、良い発酵の証が含まれているといえるだろう。もっといえば、人間関係の悲喜交々が織り込まれているのではないか。木遣りが歌われるとき、そこには、人生が匂い立つ。

進学や就職で三宅島を離れる者への餞としての木遣太鼓は、船が発着する港で演奏される。波が高ければ、船の接岸ができない港である。強い風の中で、波音に負けじと演奏されるのだ。もっとも、風向きによっては、想像以上に遠くまで音が届くかもしれない。また、同志会のメンバーである津村秀樹氏は、鼓童が主催するイベント「Earth Celebration」(EC2020)宛てに動画メッセージを寄せた際、20年前に鼓童の見知弘留氏が来島した際、一緒に練習した場所として、火山灰の丘から海を見下ろす場所を紹介している。ひとつひとつの動きに、島の自然を染み込ませ、一打一打を島の自然に呼応させるように練習したのだろう。

この太鼓を打つとき、人は、自然の力を感じながら、自然の賜物である太鼓に全身で向き合い、両面の皮を震わせ響き合わせようとする。そして、木遣りを歌うとき、互いの生き様を呼応させる。木遣太鼓は、その土地にあっては勿論、その土地を離れてもなお、郷土の自然と様々な人々の人生をつないでいる。

〈第五章〉

つながりを手繰り寄せる／選り分ける
社会的存在としてのチベタン・ポップ

山本達也

ヒマラヤ系の人たちもチベット人だ

２０２２年、コロナ禍が多少収束し、久しぶりにネパールの首都カトマンドゥのボーダナートを訪れた時のことであった。気心の知れたチベット難民の友人４人と夕方から私が間借りしている部屋で飲み始め、日付が変わってからかなりの時間が経過していた。流し台のそばに置かれたビールの空き瓶がどんどん増えてもいっこうに宴会の終わりの兆しが見えない中、「さて、いつ頃寝ることができるのやら」とぼんやり考えていると、その日も酒の席の話題をリードしていた友人の一人、ナムセーがおもむろに語り出した。

「ネパールとチベットの国境が接しているヒマラヤ地域一帯に暮らすヒマラヤ系の人たち（*hima la ya rigs rgyud*）は実質チベット人なのだから、チベット人として接していく方がいい。そうすれば、彼らもチベット問題を他人事ではなく自分事として引き受けるだろうし、何よりも、人口の少ないチベット社会をこれまでにない形で力づけることになる」「こうした地域に暮らす人たちのなかには、自分達が失ってしまったチベットの伝統文化や唱法を体得している人たちがいる。歌手たるもの、そういった人たちのところに調査や学びに行って、それを自分達のものとして取り込まなきゃいけないんじゃないのか」

想定外の見解の披瀝に私は自分の耳を疑った。さまざまな実例を交えながら展開されるナムセーの壮大な見解を聞いていた仏画師兼チベタン・ポップ歌手ケルサン・ケースも触発されたのか、「これまで自分の仕事に忙殺されていたけど、ナムセーの言うことももっともだ。ヒマラヤ地域でパフォーマンスの機会があった時にはそうしてみよう」と答え、「そんなこと考えたこともなかった」とナムセーを褒め称えた。そして、上機嫌になったケースは自分の携帯電話に入っている音源をバックに流しながら、チベット人にとっての心の拠り所であるダライ・ラマ14世に捧げた彼の代表曲「心の宝珠」を深夜にもかかわらず熱唱し始めたのだった。

思えば、ここ10年ほど、カトマンドゥに暮らすチベット難民の友人たちがヒマラヤ系の人たちとの関係性を折に触れて語るのを耳にしてきたが、ナムセーの語りにあるような理屈を聞いたことはほとんどなかったし、ケースのようにそれに多少なりとも触発される人を見ることも滅多になかった。このエピソードは瑣末なものかもしれないが、チベット難民とヒマラヤ系の人々を差異化する言説ばかり耳にしてきた自身のこれまでの経験との相違を思えば、自分たちの生きる環境の大きな変動を経験しつつあるチベット難民たちを取り巻く現状の一端を示していると思われる鮮烈な体験だった。

本章が以下に記述するのは、カトマンドゥ在住のチベット難民たちの生きる現状がそこで制作され歌われるチベタン・ポップと入れ子状の関係にある様相である。具体的には、昨今、ネパールやインドに暮らすチベット難民のみならず欧米在住のチベット難民やヒマラヤ系の人々も歌手として参入しているチベタン・ポップ市場の現状を記述し、それが昨今のカトマンドゥ界隈に暮らすチベット難民を取り巻く状況といかに結びつき、人々の想像力と相互作用しているのかを描き出す。

カトマンドゥに暮らすチベット難民が生きる世界

まず、カトマンドゥに暮らすチベット難民と、ヒマラヤ系と呼ばれる人々について簡単に紹介しておきたい。1959年ダライ・ラマ14世がインドに亡命してからというもの、たくさんの人たちがダライ・ラマを追ってインドやネパールなどの国で生活することを選んだ。彼らがチベット難民と呼ばれる人たちであり、世界中に散らばって暮らすチベット難民は13万人弱いると言われている。その中でも、2010年代に至るまでの長きにわたって、チベット難民にとっての首都であるダラムサラを抱えるインドと、多くのチベット難民が最初に庇護されることになるネパールは約10万という大部分のチベット難民にとっての住処となってきた。しかしながら、近年ではチベット難民全人口の半数弱ほどが欧米での生活に希望を見出し、南アジアからどんどん離れていく状況となっており（SARD 2020）、コロナ禍を経てその流れはさらに加速しているように感じられる。こうした欧米在住のチベット難民は、当地の在留権や市民権を確保すると、彼らがかつて過ごしていたインドやネパールに里帰りし、そこに暮らす人々に物質レベル・観念レベルで大きな影響を与えている。

加えて、2000年代半ば以降、中国政府による国境管理の厳重化に伴い、チベットから難民として新たにやってくる人々の流れが途絶えている。こうしたことから、インドとネパールに暮らすチベット難民の減少は歯止めの効かない状況となっている。チベット難民が運営してきた学校とチベット仏教僧院はこれに大打撃を受け、存在意義を失いかけたが、その空白を埋めているのが、チベット仏教を信仰・実践し、チベット人との共通性を見出すことのできる、タマン、シェルパ、グルン、ヨルモ、リミ、ツムパ、マナンギ、ドルポなどのヒマラヤ系の人々である。学校や僧院への聞き取りによれば、２０２２年現在でチベット人学校の学生数および僧院の僧侶数の実に7〜8割をヒマラヤ系の人々が占めている。そして、チベット人学校や僧院は、定員を満たすためにヒマラヤ系の人々を積極的にリクルートし、チベット人に提供するのと全く同じ教育や福利厚生を提供している。チベット人学校や僧院で寄宿生活を送り、制度的な教育を経たヒマラヤ系の人々は、そこでの生活の中でチベット語や公式の「チベット文化」を体得することとなり、自ら名乗りを上げなければチベット人と区別がつかないほどの振る舞いが可能になる。

いわば、近年のチベット人学校や僧院という制度は、さまざまな人とモノが関わり合うコンタクト・ゾーン（接触領域）になっているのであり、ヒマラヤ系の人々に「チベット文化について通暁《つうぎょう》している私」という主体を立ち上げる機会を提供しているのである。

チベタン・ポップとは

とはいえ、振り返ってみれば、こうしたコンタクト・ゾーンはこれまでもいくつも存在していただろう。１９９０年代以降チベット難民社会で制作・流通・消費されてきたポピュラー音楽チベタン・ポップはその一つであり、特に若いチベット難民が日常的に聴き、歌っている。チベタン・ポップとは、ドラムとベース、キーボードのサンプリングにエレキギターやチベットの「伝統的な楽器」ダムニェンやピーワンの演奏を組み合わせたものを伴奏とし、それにチベット語での歌唱を載せた4分の4拍子を基本としたポピュラー音楽である。録音された音源によって拍子の伸長が制限されるチベタン・ポップと、踊りと密接に結びついていたが故に演者の思うままに拍子の長短を変えることができた伝統的な演目とは音楽の形式が大きく異なる。また、その音源制作にあたっては、スタジオでの録音やアレンジャーとの分業が不可欠であるが故に、それらの「生産手段」を所有し、それらを操縦する技術に熟達した他者を常に必要としてきた。後述するように、カトマンドゥという都市において多様な人とモノが混淆的に織りなす配置を体現するかのように花開いたのがチベタン・ポップである。よって、カトマンドゥはチベタン・ポップが各地で鳴り響くにあたっての前提となる空間なのである。

現在ではチベタン・ポップの楽曲スタイルは多岐に渡るが、チベタン・ポップという音楽形式の元を作り出したのが、「チベタン・ポップの王」と呼ばれ敬われるツェリン・ギュルメイ（以下、ツェ・ギュルメイ）である。彼がアルファ・スタジオを経営するネパール人アレンジャー、ラビン・ダルシャンダリ氏（以下、ラビン）と長年の信頼関係の上に築いてきたチベタン・ポップの制作プロセスは、今日に至っても多くの後続の歌手たちに踏襲されている。

その発端は1990年代初頭のある日のことだった。学校の音楽教師として赴任するためにインドのダラムサラからカトマンドゥにやってきたツェ・ギュルメイは、ラビンの隣の部屋に暮らしていた。ある日、ラビンに書きためていた楽曲のアイディアについて何気なく話したところ、駆け出しのアレンジャーであったラビンはそれを録音することを提案した。そして、ラビンがカセットMTRとキーボード音源を駆使してツェ・ギュルメイのアイディアを4分の4拍子に代表されるポップスのフォーマットに落とし込んで録音した。それが、チベタン・ポップの金字塔として崇められている彼の最初のカセット作品「根本ラマ」だった。難民という生活環境もあって、録音機材や電子楽器へのアクセス、あるいはそれらの機材を駆使して自分のアイディアを形にするという想像力すら得難いものであったツェ・ギュルメイの置かれていた状況は、ラビン（と彼の所有する機材やそれに対する知識）との運命的な出会いによって乗り越えられたのである。

そして、この出会いは、ラビンの人生をも大きく変えることになった。今ではチベタン・ポップ市場でラビンの名を知らない者はおらず、彼の録音手法や音楽的嗜好、人柄も含めてラビンの存在はチベタン・ポップの楽曲に織り込まれている。このように、異なったカテゴリーに属する人やモノ、知識や概念といった多様なアクターが織りなす異種混淆的な配置（＝アッサンブラージュ）こそがその端緒からチベタン・ポップを形作っていたのであった。その点において、鳴り響くチベタン・ポップの中で様々な「私」がその一部を構成し、その音楽を今日に至るまで充実させてきたのである。

チベタン・ポップに吹き込む新風と新たな想像力／創造力の形

しかしながら、チベタン・ポップやその歌手をめぐる状況はここ10年ほどで大きく変わってきていると言える。その最たる例が、カセットやCDから動画サイトへのアップロードへと作品の発表媒体が変化したことと、「聴くこと」中心の音楽消費から「観ること聴くこと」以上へと開かれた音楽消費へと変化したことである。今では、CDの有無という物理的制約を離れて、動画サイトに接続さえすれば、世界中に散らばるチベット難民の多くが新旧のさまざまなチベタン・ポップに触れることができるようになった。そして、民族衣装（*phyu pa*）や円舞（*sgor gzhas*）など「チベット文化」を視聴者に連想させるさまざまなイメージや動作を楽曲に付随させることで、各地に散らばるチベット難民の間にそのイメージの模倣を触発し、「共同体」を新たな形で想像する機会をもたらしもしただろう。

それと連動して、これまでとは異なった来歴を持った人たちがチベタン・ポップの制作に関与するようになった。インドやネパールの生活水準からすれば十分すぎる所得を得ている欧米在

ラビンが手がけたCDのジャケットの一部

住のチベット難民や、K-POPやネパールのポップスのスターに憧れるネパール在住の若年層チベット難民、チベット本土のチベタン・ポップ歌手がラビンの運営するアルファ・スタジオでレコーディングするようになった。歌手志望者が増加するこうした状況下で、カトマンドゥを活動拠点とするツェ・ギュルメイやケース、チョダクらの古参歌手たちは、楽曲提供やスタジオミュージシャンとしてレコーディングに参加するという裏方の仕事を主たる生業とするようになってきている。

古参歌手が自らの作品を発表するより他者の作品のために楽曲制作し演奏する状況は、難民社会のチベタン・ポップのありように大きな変容をもたらすことになった。旧来、難民社会のチベタン・ポップは歌手自身が作詞作曲し、ダムニェンやピーワンのようなチベットの「伝統的」な楽器を演奏する「自作自演」型が主流だった。その点、歌手と作詞家、作曲家、楽器演奏者が専門分化するチベット本土のチベタン・ポップの傾向とは一線を画していた。故に、古参の歌手たちは自分の気持ちや考えをメロディに落とし込んで歌うことに対する自負を語っている（これを「創造力」の言説と呼んでもいい）。

だが、他者に楽曲制作を委託して歌う歌手たちは、自らの活動を古参とは異なった論理で正当化する。この姿勢の相違は、全く同じ表現である「自分の曲」という言葉に対し、欧米からやってくる歌手たちおよび新世代の歌手たちと古参歌手らの込める意味や価値に大きなズレをもたらすことになる。

極端な例ではあるが、アメリカ在住のある女性歌手は、ケースに作曲を依頼したにも関わらず作曲者として彼の名前を明示せず、また、作詞を担当したカナダ在住のチベタン・ポップ歌手を作詞者として明示しなかったことで、古参歌手の間に大いに不満を巻き起こした。同様に、彼女はチベット本土でヒットした曲を自分の曲としてアップロードしてヒットさせたのだが、その曲をカルマ・ツェテン（後述）とラビンがカバーしようとしていることを彼女は耳にした。すると、その女性歌手は彼らを「トラック泥棒」「チベット難民を搾取するネパール人」として非難する言説をSNSで拡散し、チベット難民とネパール人というカテゴリー上の相違を利用してファンからのバッシングを煽り立てたのである。
そこで板挟みになったのが、当の女性歌手のレコーディングを手伝い、また、カルマ・ツェテンとも友好的な関係を結んでいたツェ・ギュルメイとケースである。彼らは怒り狂いSNS上で反論することで事態を悪化させるラビンを宥めながら、また、ラビンをバッシングするチベット難民たちの罵詈雑言を聞き流しながら状況をやり過ごすこととなった。騒ぎがある程度収まった際にツェ・ギュルメイが私に漏らしたのは「彼女がやったのは、これまで自分たちが築き上げてきた関係性をぶち壊すことだった。まあ見てな。これから自分たちの中で彼女の手伝いをする人はいないよ」という言葉であった。

以上の事例に見えるのは、「創造力」に見出される価値の変容であり、他者の「創造力」の発露としての楽曲を自己の所有物に転換することを厭わない（そして目的を達成するためには他者を貶めることをも厭わない）「私」中心の想像力のありようである。それは、一時期難民社会において散見された、作曲者の名前を明示せずに「民謡」（*dmangs khrod*）というカテゴリーに作曲者の個性を埋没させる「民衆の歌の論理」や、「民謡」とみなした楽曲を自分の楽曲として転用する集団性に立脚した論理（山本 2018）を、直接的な名声や利益のために自己中心的な形に転倒させた捕食的な想像力だと言えるかもしれない。

ラビンの傍らで事態の推移を見ていたツェ・ギュルメイやケースはこの出来事を「ボリウッドタイプの炎上芸」と評し、この歌手と金輪際関わらないことを私に語ったことは、歌手たちの姿勢の相違を理解する上で示唆的だろう。そして、ラビンらの語りに耳を傾けず自分の見解を一方的に捲し立て、「自分の曲」をめぐる問題をチベット難民対ネパール人の二項対立へと都合よくすり替えたこの歌手の行動を熱狂的に支持した聴衆もまた、こうした想像力の賛同者だった。（ラビンのレコーディング技術を通じて作り上げられた）歌唱力やＳＮＳ上でのイメージ操作といった「編集」された派手な事柄に心惹かれる聴衆たちは、楽曲の制作に伴う苦労や古参歌手が誇る「創造力」という聴衆からは目に見えない地味な事柄にはほとんど関心を向けることがないように見える。結果として、かつてチベタン・ポップの王道を歩んでいた歌手たちは、他者の楽曲を「自分の曲」として歌うことに抵抗を感じず、ファンの耳目を集めることを第一とする新たな歌手たちの後景へと退いていくことになったのである。

ヒマラヤ系の人々という最新の参与者

著名な歌手が楽曲制作や演奏という裏方作業に注力する状況は、その一方で、欧米やチベット本土に暮らすチベット人以外の人々、すなわちヒマラヤ系の人々にもチベタン・ポップ界隈へと参入する契機をもたらした。この参入の形態は大まかに二分可能である。

まず、ヒマラヤ系の人々がチベタン・ポップ歌手の助けを借りてチベタン・ポップ風にアレンジした自民族の伝統的な楽曲をレコーディングするパターンが挙げられる。例えば、ヒマラヤ系に分類されるツムパの僧侶ミグマル・ツェリンは兼ねてからツェ・ギュルメイやケースの楽曲を聴いて、自分も歌いたいと願っていた。彼はツェ・ギュルメイとケースに知り合いのツテを辿って連絡をとり、両者と親しく付き合うようになった。その後、彼は両者の協力を得てヌブリ渓谷に暮らすツムパの人々が歌い継いできた楽曲の一つをチベタン・ポップ風にアレンジしたものをレコーディングしたのみならず、生まれ故郷に建立されたツム僧院の祝賀イベントにツェ・ギュルメイやケースとともに参加し、歌手として凱旋することができたのである[1]。

もう一つが、ヒマラヤ系の人々がチベタン・ポップの市場に歌手や作曲家として参入するという近年増加傾向にあるパターンである。このパターンの昨今の代表例としては、カルマ・ツェテンとティンレイ・ラマが挙げられる。カルマ・ツェテンは尼僧としてチベット仏教の修養に励んでいたが、その後還俗し、現在は歌手として活動するヒマラヤ系民族マナンギの女性である。

1　MIGMAR TSERING II NUBRI SONG PERFORMANCE II TSUM MONASTERY　（動画は章末ＱＲコード①参照）

２０１８年に動画サイト上で発表した最初の楽曲を含め、彼女がこの年に発表したのはインド映画の主題歌やネパール語のポップス、チベタン・ポップのカバー曲だった。その翌年、ネパール語のオリジナル曲を発表したところ、それがヒットし、２０２２年8月現在で動画サイト上で５００万回以上の再生回数を誇っている。それと並行して、チベタン・ポップ界のケースやチョダクに楽曲制作を依頼し、カルマ・ツェテンはチベット語歌詞の楽曲を「New Tibetan Song」という見出しの下に次々と発表している。[2]

このように、彼女はマナンギ、ネパール人、そして元尼僧のチベット語話者という二足以上の草鞋を履いて歌手としてのキャリアを追求し、これらのカテゴリーを跨いで数多くのファンに支持されている。だが、チベタン・ポップ界での成功は彼女にとって決して最終目的地ではない、という。チベタン・ポップ界での人気は彼女のキャリアにおいて出発点でしかなく、あくまで世界に進出していくための一つのきっかけである、と私に語っている。そのための足場の確保に彼女は余念がない。

例えば、彼女は成功したマナンギ女性としてマナンギを読者とするローカルな新聞やニュース番組で、自分の経験や成功についてマナンギの人々に語りかけている。かと思えば、彼女自身は

2　New Tibetan Song 2022 （動画は章末ＱＲコード②参照）

投票権を有さないにもかかわらず、チベット首相選挙に出馬した中央チベット出身の候補者の応援曲を発表し、注目された。また、コロナ禍で多くのチベット難民が病気避けの手段として唱えていたターラ菩薩やチベット密教の祖であるパドマサンバヴァのマントラを乗せた楽曲を動画サイトで早々に発表し、多くの視聴者を獲得したのである。

古株のチベタン・ポップ歌手以上に難民社会の動向を見計った活動戦略を展開することで、彼女はチベット難民のファンを獲得しようとし、それは一定以上成功していると言える。加えて、ネパール語のポップスもヒットしたことで、ネパールのポピュラー音楽市場での知名度の確保にも成功している。いわば、マナンギという民族のスケール、自らが長く関わってきたチベット難民社会というスケール、そして国民としてのネパール人というスケールにおいてカルマ・ツェテンは自らの足場を確保するための種々の企てを実行に移している。これらの活動を通じて彼女が見据えているのは、上述のアメリカ在住女性歌手の占める位置のさらにその先なのである。

古参歌手に作詞作曲を依頼することで、チベタン・ポップ界で歌手として成功しているヒマラヤ系の人々の例がマナンギのカルマ・ツェテンだとしたら、リミのティンレイ・ラマの成功は、ヒマラヤ系の人がチベット難民歌手の歌うチベタン・ポップの楽曲を作詞作曲してヒットさせた点で異色である。

リミはネパールとチベット自治区の国境に暮らすネパール国籍を有する民族で、彼らの言語はチベット語とほとんど相違ない。チベットで生を受け幼少期よりチベットとネパールの国境地帯を行き来しながら暮らし、２０２０年にカトマンドゥに移住してきた青年ティンレイ・ラマ自身も「チベット人の文化とリミの文化はほとんど同じ」と語り、むしろネパール語での意思疎通に困難を感じているという。

２０２1年にチベタン・ポップ歌手として最初の作品を動画サイト上で発表して以降、ティンレイ・ラマはケースやツェ・ギュルメイの助けを借りながら現時点（２０２２年8月）で3曲を自身の曲として発表してきた。しかし、大きな転機となったのが、若手のチベット難民歌手ブチュン・シェラプに提供した楽曲「お姉さん」のヒットである。[3] ビデオに登場する演者に若者の間で絶大な人気を誇るネパール人女性歌手を起用したのみならず、チベット本土のチベタン・ポップを彷彿とさせるメロディもあって、この曲は瞬く間にチベット難民の間で話題になった。このビデオでは作詞作曲クレジットが明記されていなかった点をティンレイ・ラマ本人は「まあ、仕方ない」と苦笑しながら語っていたが（ここにも先述の「他者の楽曲を自己の所有物にしてしまう」近年の歌手たちの姿勢が垣間見えるかもしれない）、彼の楽曲だと認識した人々が過去の動画を漁ることによって、過去に彼が発表した楽曲の視聴数も伸びることになった。チベタン・ポッ

3　"ACHALA" || Tibetan Official MV || sheyrap ft.　（動画は章末ＱＲコード③参照）

プ市場においてティンレイ・ラマの地位が盤石なものになるかは今後次第ではあるが、まずまずの滑り出しを見せているといえるだろう。カルマ・ツェテンにせよティンレイ・ラマにせよ、彼らはさまざまなつながりを自らの方に「手繰り寄せ」、チベタン・ポップ市場の中で自分達のキャリアを築いていこうとしている。いわば、彼らはチベタン・ポップという音楽の一部を構成する「私」になったと言えるだろう。

開放系／閉鎖系としてのチベタン・ポップ

ここで、冒頭の友人ナムセーの語りに戻ってみよう。ミグマル・ツェリンやカルマ・ツェテン、ティンレイ・ラマがチベタン・ポップを盛り立てている姿は、ヒマラヤ系の人々が「チベット文化」の一端を担い、難民社会を力づけるものであるといえる。その点で、現在のチベタン・ポップ市場の様相は、ナムセーが思い描いた構想にいくらか合致するものではないだろうか。彼らがチベタン・ポップ歌手や作曲家として活躍する姿は、チベタン・ポップという音楽のもと、チベット人もヒマラヤ系の人々もこれまでとは違った形で共存することができるかのような希望を私たちに垣間見せる。

とはいえ、こうした状況をナムセーのように歓迎することはおろか、等閑視や楽観視する人ばかりではないことも付け加えておくべきだろう。以下に紹介する人々は、チベタン・ポップ市場におけるヒマラヤ系とのつながりを選り分けながら吟味する視点を持っていると言える。

例えば、古参歌手ケースはヒマラヤ系の人々がチベタン・ポップ市場に参入することを基本的に肯定的に捉えている。しかしながら、コンサートの際に口パクと当て振りで凌ごうとする一部のヒマラヤ系の歌手に対して、ケースは歌手という名乗りを認めない（なお、口パクするチベット難民歌手に対してもケースは同様にこの基準を適用する）。チベット語できちんと歌うという絶対的基準にこだわり、出自を理由にチベット語でちゃんと歌えないという言い訳を認めない彼は、チベタン・ポップ歌手であることに「真剣さ」を求めるのである。

ケースの主張がチベット難民歌手とヒマラヤ系の歌手が共に満たすべき基準の同一性や、チベット難民とヒマラヤ系の近似性を達成されるべき目標とするものだとすれば、チベタン・ポップの熱心な聴き手であるドルジの語りは、ヒマラヤ系の人々によるチベット難民との近似性の主張こそを問題視する。

チベタン・ポップへの近年のヒマラヤ系の参入を「チベット人ぶりたい人たちによるアリバイづくり」だと感じるドルジは、難民かネパール国民としてのヒマラヤ系か、という国籍上の地位の相違でチベット人とヒマラヤ系の根本的な相違を説明しようとする。ドルジは、ヒマラヤ系の人たちがチベタン・ポップ市場で一定の人気を博せば、すぐさまネパール芸能界や世界へ活動の焦点を切り替える様を、チベット人が踏み台にされているように捉えている。それは、都合のいい時にだけ「チベット人」を持ち出すことに、ある種のアンフェアさを感じるからだ、と語っている。

なおドルジは、ネパールの芸能界で脚光を浴びるようになったチベット難民歌手ソナム・トプデンに対しても、ネパールに迎合していく姿勢を見出して否定的な視点をとっている。そして、こうした見解が必ずしも彼の猜疑心のなすものではないことは、カルマ・ツェテン自身が自らの「野望」を、似たような見取り図で語り、体現してしまっていることからも理解できるだろう。チベット難民が長きにわたり見せつけられてきた、自分達とヒマラヤ系の人々との地位の相違(＝国民か否か)と、それに起因する政治経済的差異は、ここでも影を落としている。両者の文化的近似の主張やヒマラヤ系からの「接近」は、彼らが根本的に抱える社会的地位の相違をあたかも問題としては存在しないものであるかのように装うタチの悪い振る舞いとして、ドルジのような人々にとっては映るのである。ここでは、ヒマラヤ系の「私」がチベタン・ポップという音楽の一部になることそのものが打算的かつ戦略的なものとしてみなされている。

「空虚なシニフィアン」としてのチベタン・ポップ

ここまで、チベタン・ポップ市場における人々の実践や想像力の移り変わりを示す事例を紹介してきた。チベタン・ポップの制作、流通、消費を構成する各人の生活環境や物質的技術的な要因やそれに伴う認識や説明様式の変容、カトマンドゥの都市空間を構成する人口構成の問題やローカル、リージョナル、グローバルなネットワークの存在など、種々雑多かつそれぞれが具体的な要因が媒介し合う関係となって、現在のチベタン・ポップ市場の様相を形成している。現在のチベタン・ポップ市場の様相は、チベタン・ポップの登場期のそれとは大きく異なった形で、異種混淆的である。その中でも本稿で着目したのは、新たにチベタン・ポップ市場に参入する人々、特にヒマラヤ系と呼ばれる人々がチベタン・ポップ市場において占める位置が大きくなっていく様相である。

旧来、チベタン・ポップ市場の中には彼ら（ヒマラヤ系）の居場所はなく、また、彼らもわざわざそこに参入する意思を示してこなかった。しかしながら、近年、チベタン・ポップの生産、流通、消費において、欧米在住のチベット難民歌手と同様に大きな役割を、彼らは果たしている。特に、ヒマラヤ系の人々のチベタン・ポップ市場への参入は、従来のチベタン・ポップ歌手たちが想定していなかった広がりをチベタン・ポップにもたらしている。

例えば、ミグマル・ツェリンの事例は、ヒマラヤ系の人々がチベタン・ポップを伝統的な楽曲を継承させるための媒体として活用している様を示している。また、カルマ・ツェテンの楽曲へのコメントに「マナンギの誇り」というような声が寄せられていることからもわかるように、チベタン・ポップにヒマラヤ系の聴衆を呼び込むことができる点で欧米在住のチベット難民歌手とは違う強みを彼らは持っている。その意味で、ネパールにおけるチベタン・ポップの政策、興隆＝継承のキャスティング・ボートを握るアクターの位置を彼らは占めているのである。

そして、今さまざまな人々が関わりながら具現化するチベタン・ポップは、チベット難民社会の本質を楽曲的に示すものでもなければ、社会のあり方を単純に反映するものでもない。むしろそれは、人々の生活世界をめぐる想像力や現実感覚を絶えず形成し、さまざまなアクターが織りなす人々の生活世界そのものを作り出してもいる。その点で、人々の生活世界の中でさまざまなアクターの媒介から生産、流通、消費され経験されるチベタン・ポップ自体が社会的な存在である（cf. DeNora 2000,2014）。同様に、チベタン・ポップを取り巻くカトマンドゥに暮らす人・モノの社会的配置は、それ自体音楽的＝チベタン・ポップ的でもある。この点で、両者の関係は入れ子状になったものといえるだろう。

また、生活世界の中で流れるチベタン・ポップの中で個々の人々は多様な身体的立ち位置を取り、状況に応じて見解を変化させる。彼らが参与するアリーナとして具体化・実体化がなされている現在のチベタン・ポップ市場をめぐってローカル、リージョナル、グローバルなど多次元的に構成される実践や想像力の様相を、ジョージナ・ボーンらに倣って「社会的美学」（Born, Lewis and Straw 2017）と呼んでもいいかもしれない。絶えず変動し刷新されていくチベタン・ポップ市場では、自分が埋め込まれた環境＝配置の中で育まれてきた社会的美学に則って、ある者は特定の時空間の中である方向を目指し、また別の者は、それとは異なった環境＝配置の中で育まれてきた社会的美学に則って特定の時空間の中で、これまた別の方向を目指すだろう。こうしたリアリティを生きる存在である多様な「私」たちの諸行為が、チベタン・ポップという「空虚なシニフィア

インドのヒマラヤ系住民が主催するツェリン・ギュルメイのコンサート

ン」(ラクラウ 2018) のもと、多様な媒介を巻き込み、巻き込まれながら縫合される。

行為や媒介からなるアッサンブラージュは絶えず揺れ動きながら新たな作品を創造し、そうしたアッサンブラージュがまたチベタン・ポップというジャンルに仮初めの実体を付与し、市場を活性化していくのである。ヒマラヤ系の歌手たちとチベット難民の歌手たちがそれぞれこれから描いていくチベタン・ポップの軌跡や「チベット文化」のあり方は、ナムセーの描いたもののようになるのか、ドルジが描いた相違をさらに拡大していくものになるのか、あるいは、それ以外の何かとして現れるのか。今後も注視してく必要があるだろう。

＊本稿は、令和4年度文部科学省科学研究費助成事業、研究課題番号 21K12383 (研究課題名「排外主義に抗するチベット難民音楽文化と「文化交流基盤型共生モデル」」) の成果の一部である。

参考文献

Born, G., Lewis, E. and Straw, W. 2017 "Introduction: What is Social Aesthetics?" in Born, G., Lewis, E. and Will Straw (eds.), Improvisation and Social Aesthetics.

Duke University Press, pp,1-30.

Denora, T.　2000 Music in Everyday Life. Cambridge University Press.

――――2014 Making Sense of Reality: Culture and Perception in Everyday Life. Sage Publication.

ラクラウ、エルネスト　2018『ポピュリズムの理性』里澤岳史、河村一郎訳、明石書店。

SARD　2020 Baseline Study of the Tibetan Diaspora Community Outside South Asia. Central Tibetan Administration.

山本達也　2018「作る」と「パクる」の狭間で―チベタン・ポップをめぐる権利言説と実践から見る難民社会の今」『チベット・ヒマラヤ文明の歴史的展開』京都大学人文科学研究所、175-202頁。

〈チベタン・ポップ関連動画〉

①

②

③

〈第六章〉

調を外れて響き合うトーンチャイム
サウンド・アッサンブラージュの授業風景

石上則子

教師と児童との呼応

音楽教師が、トーンチャイムの1音をトゥーンと奏でた。C音（中央一点ハ「・ハ」、ド）[1]だ。その音が響いている間、他の音は何もしない。むしろ、しーんとした静寂が伝わる。ここは都内の某小学校の音楽室。5年生の音楽の授業だ。およそ30人の児童もそれぞれにトーンチャイムを

1　日本の音名表記。中央一点ハ＝「・ハ」（カタカナ「ハ」の上に一点）の1オクターブ下のC音は「ハ」となる。さらに1オクターブ下はひらがな表記で「は」、以降、オクターブが下がるごとに「は」の下に点をつけて表記する。

片手に持ち、教師の鳴らしたのびやかな音の余韻の中、自分が音を奏でる順番を静かに待っている。

しかしそのC音が止むか止むまいかのうちに、一人の児童が次の音をティーンと奏でた。先のC音を途切らせないようなギリギリのタイミングだ。その音は、はじめのC音より1オクターブ以上高いE♭（変二点ホ、ミのフラット）音だった。

私は「次は、どうするのかな」と、E♭音の残響を聴きながら耳をそばだてる。すると、教師はまた、片手に持ったC音を鳴らした。だが、今度は、コンという感じの短い音だった。心地よい透明な、余韻の長い響きではない。教師は意図的に演奏の仕方を変えたのだ。ミュートをかけたような響き。

それに応えたのか、次の児童は先ほどとは異なるゴンという、低く、どちらかというと鈍い感じの音を鳴らした。それも極めて短い。教師が呼びかけた、C音の感じと似た響きだ。音程は低いF（ひらがなの「へ」）音。こうして4回ほど、教師の鳴らすC音と児童の鳴らす他の音が呼びかけ合った。

少し間があいて、5回目に教師がC音を改めて長くトゥーンと奏でると、次に応えた児童は短くコンと鳴らした。音は、F♯（嬰一点へ、ファのシャープ）。長い音に対して、短い音の応答。私はここで「ルールが変わった」と察した。教師が鳴らしているのはC音。その音程は変わらないが、音の長さはそれぞれ変えていた。そして最初の4回の教師と児童の応答の中で、なんとなく教師の鳴らした音の長さに合わせて児童も応じるという、「音の長さを合わせてこたえる」ルールが共有されていたように感じていた。そこにきて、児童の側からルールが変えられたのだ。「教師の鳴らした音の長さに合わせて応えなくてもいい」というルールに。

この授業では、児童たちは自分でどのようにトーンチャイムを響かせるかを即座に考えて、即興的に音を出しているのだ。ルールやパターンを「つくる」のも「こわす」のも、また改めて「つくり直す」のも、児童の奏でる音次第である。それがいい。そういう音楽の授業なのだ。

そのうち、C音のトーンチャイムを片手にした教師が、車座に座っている児童の間を周り始めた。奏でるC音は、弱くなったり強くなったり。音の強弱や長さも随時変えられている。児童は、それぞれに持ったトーンチャイムを一人一人順番に自由に鳴らして、それに応える。手にするトーチャイムは一人1音だけれど、それを奏でる長さも強さも児童が決める。タイミングも、そう。C音に素早く重ねる子もいるし、微妙に拍をずらして奏でる子もいる。しかし、だからなのか、不思議な音の響きに包まれる感覚になる。

教師の鳴らす1音（C音）に対して、児童の別の1音。それが繰り返されているだけのはずだ。協和する響きが心地よいのはわかる。しかし、前に鳴らした複数の音の残響が合わさり、西欧音楽の理論では一般に「不協和」と考えられる音の重なりになってしまったとしても、なぜか違和感のない美しい音の響きであるかのように感じられるのだ。その音の応答の連続は、まるで、音そのものがぐるぐると動いて見えるかのようだ。C音を中心に、トーンチャイムの音が教室内を自由に回っているみたいだ。そして、このとき生まれた音楽は、間違いなく、この音楽室、この場でしか紡がれないものだったろう。

私自身、小学校の音楽専科として36年間勤め上げた。その間、文部科学省の「小学校音楽科指導資料」作成やNHKの音楽教育番組などに携わったり、音楽教育の研究者となってからは、文部科学省の教科調査官とともに音楽づくりのDVD制作にも関わってきた。しかし、いち音楽専科であったころから、義務教育における音楽科教育の、技能中心、五線譜中心主義的な指導には大きな疑問をもっていた。教える側の教師もまた、その教育を受け、またそれに習熟している人が担う構造なのだから仕方のない面もあるが、表現技能や五線譜を前提とした音楽科教育では、少なからずその習得や基本知識を得ることに時間が割かれ音楽の授業が楽しく感じられない。ましてや「音楽をつくる」ことは難しく敬遠される。もっと自由に、誰でも、音楽にふれ自己を音に託して表現し音楽を創造できないか。それが音楽専科として長年取り組んできた課題であり、そのツールとして私自身、授業で扱ってきたのがトーンチャイムなのである。

先に描いたトーンチャイムのやりとりは、志を同じくしている現役音楽専科の実際の授業の一場面である。私も研究者として、たびたびこうした授業を参与観察する機会をいただいている。

そこで本稿では、トーンチャイムを使った冒頭の授業をさらに微細に見ていきながら、まずはどのように児童が「音楽をつくっているのか」を描きたい。そしてこうした創造性豊かな授業を、結果として、これからの音楽科教育のあり方にどのように還元できるのか、私なりの考察ができればと思っている。ともあれまずは、「トーンチャイム」がどんな楽器なのか紹介することから始めよう。

トーンチャイムとは

トーンチャイムは、一人一人が手に持って振って音を出す金属製の楽器だ。1音が一台で奏される。「ド（C5）」を出すためには、「ド（C5）」に調律されたトーンチャイムを前に突き出すように一度振る。すると、余韻の長い、立奏鉄琴やビブラフォーンに似た響きが鳴る。

私がこの楽器と出会ったのは、もうずっと昔になってしまった。昭和の時代である。最近では、小学校でも1セットは置いているところも増え、様々な学習に用いられている。いわゆる三和音の学習、ゆったりとしたメロディーの演奏の学習ためである。「ドミソ」「ドファラ」と和音を奏でると、子どもたちでも簡単に和音の響きを親しむことができる楽器だ。これで「きよしこの夜」

などを演奏すると、誰でもその響きの中に浸ってしまうだろうし、低音のトーンチャイムを鳴らせば、教会のパイプオルガンのような音の縦の厚みを感じることもできる。

しかし私がトーンチャイムに興味を持ったのは、このように決まった和音や音階、楽曲を奏でること以外にあった。鍵盤楽器やリコーダー等の楽器では、音を選ぶだけでも迷ってしまうものだが、この楽器は一楽器で一つの音程しか出せないから、奏者（または作曲者）は「どの音を出すか」迷う余地すらない。順に並んだ音階から「音の一つ一つが解放された状態」とも言える。私は、この、音階から解き放たれた音（楽器）を使って音楽を紡げればよいと考えた。なぜなら、音階にすら縛られないこの楽器ならば、児童であっても誰もが簡単に主体的に演奏できるはずだからである。

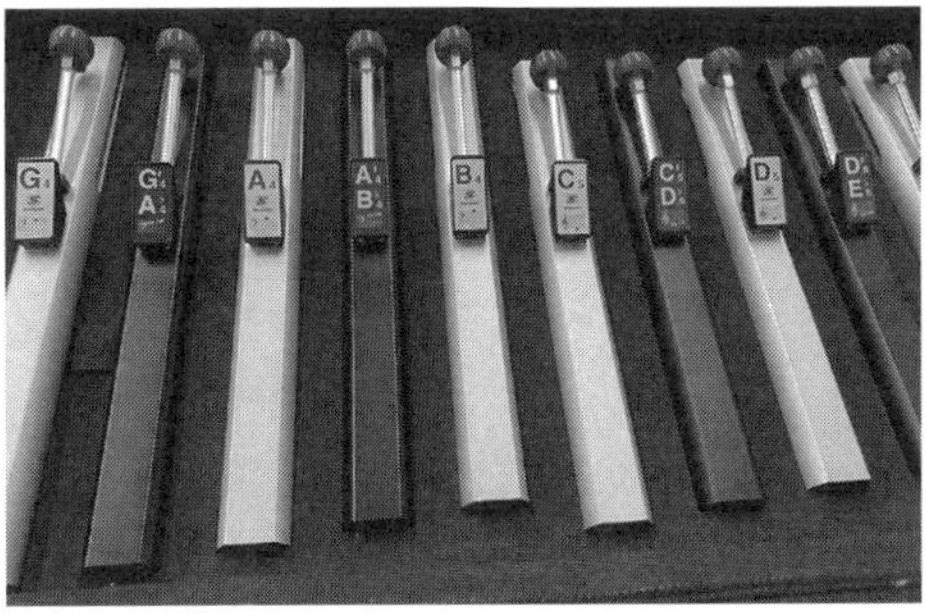

美しく響くトーンチャイム

加えて、トーンチャイムの音域は4オクターブ半と広く、余韻の美しさや長さが聴衆や空間を包み込むような響きを生む。原則として一人1音で奏するが、両手に持つこともできる。とはいえ両手に持っても2音のみなので、他の奏者と協働しなければ、音を増やしていくことはできない。素早く持ち換えるという早業もやってできなくはないが、やはり「ともに音楽をつくる」という共同性を引き出すことに長けた楽器といえよう。

一人1音の楽器には、よく知られたものにハンドベル（ミュージックベル）がある。トーンチャイムは、普及型のハンドベルとして開発されたものと聞く。ただ、ハンドベルよりもトーンチャイムの方が余韻長く音が鳴り、より表現の幅が広がるように思える。

サウンドブロックという楽器もある。木琴や鉄琴をバラバラにして、響きが豊かになるようにボックスがついた楽器だ。同様の仕組みで木製のバスブロックバーという楽器もあり、低音の響きを柔らかく出すには効果的で、必要な音だけを並べて低音奏ができるのも魅力的である。これらの楽器は、特別支援学級や音楽療法でも活用されており、インクルーシブ（包摂的）な楽器といえる。

他にもアメリカで開発された、ドレミパイプとも呼ばれるブームワッカー（Boomwhackers）は、チューブ型で膝や太もも、臀部、机や床等を打つことで音を出すことができ、音を出す玩具としても扱われる。

このように小学校で使われている一人1音の楽器はいくつもあるが、先に述べたようにトーンチャイムの響きはなかでも群を抜いて美しい。子どもたちが音に浸り、音と一体となって音楽を表現するには、最もふさわしい楽器であると私は思う。こうして私はトーンチャイムと出会ったことで、これを授業現場で採用するようになった。では、改めて、冒頭の授業シーンの続きを見ていこう。

音と音の即興的会話

教師が担っていた音を回す役回り（以下、リーダー）が、一人の男子児童に代わった。1音に1音で応える決め事をして、リーダーになった男子児童は、一人の女子児童に向けて短くキンとG♭音(変二点ト、高いソのフラット)を出した。音をもらった女子児童は間髪を入れず立ち上がり、ゆったりとしたモーションを付けて低いF音を「ゴ〜〜ン」と鳴らす。音がうねるように聞こえる。

次のリーダーは、今の女子児童に代わる。低いF音を鳴らしながら立ち上がると、この空いた席に先のリーダーだったG♭音の男子児童が座り、次の出番を待つ。低いF音の女子のリーダーは歩きながら別の男子児童の前に立った。再度長い音を鳴らすのかと思いきや、「ゴ〜ン」とやや短めに楽器を手で押さえて響きを止めた。すると、この男子児童は低いG音（ひらがなのト、低いファの一音上のソ）を持っていたのだが、「コンコンコンコン」と手で楽器をミュートしながら数回打った。

ここで教師が立ち上がり、リーダーはそっと教師の脇に移った。「1回だけ打つという約束だったけど、みんなどうしようか。低いG♭音のように短い音にしたときは、数回打ってもよいことにしようか。どうしよう」と教師はみんなに問う。

こういう場面でも教師は、「ルール違反だぞ」と頭ごなしに否定したりはしない。他の児童たちからも、「ずるい」とか「1回だけ打つんでしょ」と、非難する声は上がらなかった。前述の通り、この授業は、児童と一緒にルールをつくっていくやり方だからだ。児童がルールから外れた音の出し方をしたら、別のルールをつくってしまえばいい。教師はさらに、脇に立っている現リーダーにどう思うかと問いかけた。すると、「はい。長い音だと1音でもその音の中でいろいろできるけど、短いと変化しにくいから何回か鳴らすのもいいんじゃないかと思います」と答えが返ってきた。

周りで聞いている児童もうなずいたり、「いいんじゃない」と同意したりしている。「先生がいつも言っている一つのアイディアとして取り入れるということで」と、生意気なことを言う子もいる。教師は、ミュートしながら打った男子児童に「短い音の広がりを意識したということかな？」と尋ねる。実際に彼は、そんな理屈を考えて鳴らしたわけではないだろう。「コン」だけより「コンコンコンコン」としたほうが面白いと咄嗟に思っただけかもしれないが、照れくさそうに「そういうことかな」と、クラスのみんなが認めてくれたことに乗っかった。

「もしかしたら、『ちょっとやってみよう』と思いつきでやってみたことも、新しい音の発見や音のつなげ方などになっていくかもしれませんね。いろいろ試してみることが大事だね。それじゃあ、今度はペアになって、音の会話をして、いろいろな音の出し方を試してみましょう。どんな演奏の仕方でどんな音が出せるのか二人でまねっこしたり会話したりしながら探ってみてください」と、教師は次の学習につなげていった。

ペアによる音の対話から音楽づくり

ペアによる音の対話が音楽室のあちこちで始まり、音のカオスに包まれた。ところが、耳を塞ぎたくなるような響きではない。アットランダムな音たちなのだが、なぜか居心地がよい。この楽器の特性である。

カクテルパーティー効果[2]も手伝い、児童も自分たちの音に集中している。ペアの持っている楽器は同音にならないように組み合わされている。同音でもよいのだろうが、違う音の方がどち

2　1953年に心理学者コリン・チェリーによって提唱された、音声の選択的聴取のこと。

らが表現しているのかわかりやすく、いろいろなハーモニーが生まれるからだ。一人1音の楽器が様々な音の出し方で、多様な響きに変わっていく。3分ぐらい経って教師が「ストップ」と書かれたカードをピアノの前に立って提示すると、児童たちはほぼ一斉にシーンとなった。さっきまでの音の洪水がうそのようだ。続いて、一番よいと思ったまねっこなり会話などを順に2回繰り返して発表していく。

「―‥「ゴ〜〜〜ン」‥「コン」‥―って短い音と長い音の組み合わせがよかった」とか、「『コココココーン』とリズミカルな音が面白かった」と、児童は友達の発表する音や新しい発想について意見を伝え合う。「僕もそう思う」と同意したり、無言でうなずいている児童もいる。

教師は、「最初は、どんな音が出せるかなと音でまねっこし合ったり会話したりしてきましたが、そこから2人の音がつながって旋律みたいになったり、リズミックになったりして、他の音もつなげていきたくなりましたね。じゃあ次はペアを2つ組み合わせて4人になって、4つの音をつなげて短い音楽をつくってみましょう。いつも、みんなが歌っているメロディーとはちょっと違う音楽ができそうですよ」と次の活動を提案した。次は4人組での音楽づくりだ。

4人グループによる音楽づくり

実践時間は、3分。時間を区切るのは、授業において児童の活動をコントロールするためには大切だ。3分近くなると児童たちから「そろそろだね」「え！もう終わりか、じゃ、これでいこう」と声が漏れる。

「3分。タイムアップです」と教師が先ほどと同じストップカードを提示すると、児童はグループごとに座った。「では、どんな音楽ができたか、教えてください。①グループからでいいですね」と教師が提案すると、①グループから発表が始まった。

①グループは、C－C♯－A－G♯と、拍が感じられる音楽を奏でた。続く②グループは、D——D♭－EEEE－E♭——と、音の長さを意識した音楽になった。他にも音を重ねて奏でたグループもあった。

全グループの発表が終わると、教師は、「みんながつくった音楽は、半音が生きて不思議な宇宙の広がりを感じるような音楽でとっても面白かったです。ただつなげるだけじゃなくて、そこに拍が感じられるリズムが付いたり、音と音との間を感じながらつなげたりしていて、引き込まれました。その中で、2つの音を重ねる音楽があったよね。どうしてそうしたんだろう。みんな

どう思う」と児童のつくった短い音楽を価値付けし、そこから生まれた発想への疑問を投げかけた。

課題の重ねる音楽をつくった③グループの一人が答える。「ちょっと一緒に演奏してみたら、とってもきれいな音だったので、絶対使いたい！　と思って、A／F－B／G♯と音を重ねてみました。どうですか」。AとF、BとG♯をそれぞれ同時に奏でた演奏だったのだ。教師は「なるほど。みんなは、どう思いましたか。では、1分間、思ったことをグループで話してみてください」と再度、児童たちに投げかける。

「重ねるって思いつかなかったね。だって、『つなげる』というのが約束だったんだから」「音によるかも。次のとき私たちも試してみよう」などなど、児童は、各々のグループで「重ねる音」の是非を問う。また1分ほどして、教師が「はい、ストップ」と、話し合いのささやき声をさえぎる。

「いろいろな考えが出てきたようなので、次の授業では、『重なる』とどういう感じになるのか、みんなで確かめてから、今自分が持っているトーンチャイムを使ってグループのトーンチャイムミュージックをつくってみましょう」

児童は、いつも書くことになっている振り返りノートに、今日の授業で学んだことを書き記していた。

音の重なりが織りなすトーンチャイムミュージック

児童がどんな音楽をつくっていくのか、私は興味津々だった。リコーダーや鍵盤ハーモニカが苦手だと感じる児童でも、声が出づらくてみんなと合わせて歌うことが難しい児童でも、自分の1音をどう出してどう友達と組み合わせるかだけを考えていけば、音楽をともに共有することができる。それも、自分たちでつくったオリジナルの音楽を。

児童は前回授業と同じように丸くなって座った。２人だけ椅子の前に立っている。真向かいに立つ２人が目を合わせて、同時に音を鳴らす。Ｃ・Ｅ音だ。他の児童たちから思わず「わあ、きれい」と声が漏れる。

教師が「そうね。思わず、いいなあと言いたくなるけど、最後の２人の演奏が終わるまで、２つの重なった音だけがみんなの座っている円の中を回っていくように声や音を出さずに響きが消えるまで聴きましょう。では、次の二人からは、音が止まったら、次の二人とつなげましょう。長い音と短い音については、重なったときどうかなと予想しながら判断して選んでね」と告げる。すると、静寂の中で2音ずつ重ねた音だけが長くあるいは短い響き、車座に座る児童の間を順に回っていった。

「ゴ〜〜〜〜ン」と長く低いA音（ひらがなの「い」、低いラ）と短く高いA音（二点イ、高いラ）「キンキンキンキンキ〜ン」が同時に鳴る。偶然生まれる和音と響き。協和する和音もあれば不協和の和音もある。不協和の2音でも、私にはやはり違和感がない。優しい響きが流れる。「これもいい」と納得しながら聴く児童もいれば、不協和に首を傾げている児童もいる。2音の間が乖離した響きのとき、半音のとき、同じ音のとき、それぞれに言葉にしない児童の生の反応が見ていて面白い。

次は、3人で重ねたり、4人で重ねたりしてみる。当たり前だが、2音以上だと響きが複雑になる。気持ちよく響く和音（例えばC・E・G）には、児童は「にこっ」としているが、半音同士の例えば「C・C♯・D」とだと、「フ〜〜ン」といった顔をする児童もでてくる。こうして、重なる響きも音によっていろいろなのだということを体験しながら学んでいく。

「4つになるとかなりいろいろな響きになってきますね。好きな響きはありましたか。では、今度は出会った人と音で挨拶しましょう。奇数番号の椅子に座っている人は立って、歩いているときは音を出さず、目の合った人と同時に自分たちのタイミングで音を重ねてください。音が出ている間は動かず、止まったら次の出会いを見つけてください。偶数番号の椅子の人たちは、聴いてみて、タイミングよく音を重ねている人、どんな音と音が出会っているか、重なった音のつながり方がどのような感じがするかなど、考えながら見ていてください」と教師は話を進める。

奇数番号の椅子の児童が、ゆっくり歩き始めた。音が鳴り始めるまでの間、これからどんな音がこだますのかと、私もドキドキする。はじめに目を合わせた2人が歩くのをやめ、音を同時に出して和音をつくった。「D／F」の響きだ。それにかぶさるように次の和音「G♯／高いD（二点ニ、高いレ）」が鳴る。

次々と和音があらわれては消え、消えてはあらわれる。音のカオスのようであり、真綿に抱かれたような気分にもなる。2回出会いを経験したら座る約束で始めているので、徐々に和音は消えていった。最後に残った二人が申し合わせたように「C～～～～／低いF～～～～」を奏でた。二人ともが楽器を回して音を保たせ、同時で手でストップをかける。私は思わず、拍手してしまった。

「もう、トーンチャイムで音の重なりの音楽がつくれてしまいましたね。じゃあ、交代しましょう」と教師が声を張る。今度は、偶数番号の椅子に座っていた児童の出番である。交代して行うことで、誰もが見て、聞いて、音楽を身に付けていける。はじめに演奏したクラスメイトの様子を見ていた後半メンバーは、同じように響かせたり、友達が演奏していないときを選んで音を出したり、音を出している友達の後にそれにさらに重ねるように音を出したりして、様々な音の重なる響きを味わっているようだった。偶数番号の児童の演奏が終わると、先の奇数番号の児童の中には「もう1回、やりたい」と懇願する児童もいた。

教師はさらに続ける。

「みんな楽しみながら、音と音が偶然につくり出す音の重なりの面白さを感じましたね。さあ、いよいよグループで音楽をつくっていきますよ。でもお願いが一つだけあります。一人の音が何の音なのか、わかる部分をつくってほしいです。長い音で演奏しても、短く演奏してもいいです。4年生で学習したリズムの拡大・縮小を考えてみるといいですね。これまで、早回しや間を空けて音をつなげるということもしてきました。2音で呼びかけ合いもしてきました。さっきの、③グループのアイディアからみんなで体験した音の重なりも生かすこともできると思います。はじめ―中―終わりということがわかる音楽にしてほしいので、まず、中の部分からつくるといいかなと思います。そうすると、はじめはどうしようか、終わりのまとめはどうしようかと考えやすくなります。まずは、10分でやってみましょう」

グループによる音楽づくり

教師から音楽のつくり方の説明が終わるや否や、各グループは小さな円陣を組んで音楽づくりに入った。「もう1回、もう1回」とコールしていた児童は、「重なるところつくろうね。だってみんなが一つになった感じがするじゃない」と甲高い声で訴える。同じグループのリーダー格の女子児童はこれに「ちょっと待って、四人いっせいにやるの？」と疑問を呈する。すると別の男子児童が「まずは一回やってみよう」とリードする。

「じゃあ、サン　ハイ！」の掛け声とともに、「コ〜〜〜ン（F♯）／キ〜〜〜ン（高いE）／トウ〜〜〜ン（C）／ゴ〜〜〜ン（低いF）」と4つの音が同時に鳴り響いた。音たちは、高低差もあり、不協和な響きだ。

しかし、このグループの児童は、「これさぁ、普通のドミソとかと違って、『なんか始まるぞ〜』って感じでよくない？」とか、「はじめに鳴らすと自分たちの音って感じでいいかも」という話でまとまった。「中」の部分からつくるということだったが、結局、はじめの部分から決まったようだ。

児童の話し合いは続く。「一人一人の音がわかるところをつくろうって先生が言っていたから、はじめの和音の音が消えたら、低い音から順番に短い音を回そう」「短い音はすぐ終わっちゃうから、2回は繰り返したほうがいいね」「繰り返すとわかりやすい」「でも、やり過ぎると変かも」「2回ぐらいだね」「そのあとは、逆回しでしょ。それで長〜い音を鳴らそう」

そして実際に、試しに演奏してみる。「終わりもみんなの和音で終わりたくない？」「そうだね」「でも、忘れそう」「メモが欲しいね」「先生！　決めたことを書いとく紙がほしいです」と、活発な意見が交わされている。

それを見て教師は、全員にストップをかけた。

「曲を『はじめ』の部分からつくったグループもあるようですが、それでももちろんいいですよ。みんなのこれまでの様子で、『中』からのほうがつくりやすいかなと思ったのですが、どこからつくってもかまいません。決めたことのメモを書きたいという意見も出てきました。他のグループはどうですか。ワークシートを用意してあるので、必要なグループは取りにきてください」

そうして10分が経った。まずはできたところまでで、発表し合う。中間発表だ。音楽の構成に困っているところを言葉で伝え合ったり、参考になったことなどの意見も交換し合っている。音の交流だけでなく言葉で伝え合うことで、互いの意図が明確になっていく。「一人の人がずっと続けて鳴らして、そこに3人が交替交代に入っていくのが面白いね。私たちの『中』もそうしようか」と、友達の発表を聴きながら、小声で打ち合わせをしているグループもある。

中間発表が終わると、グループ活動が再開された。さっきまで音楽づくりが進まなかったグルー

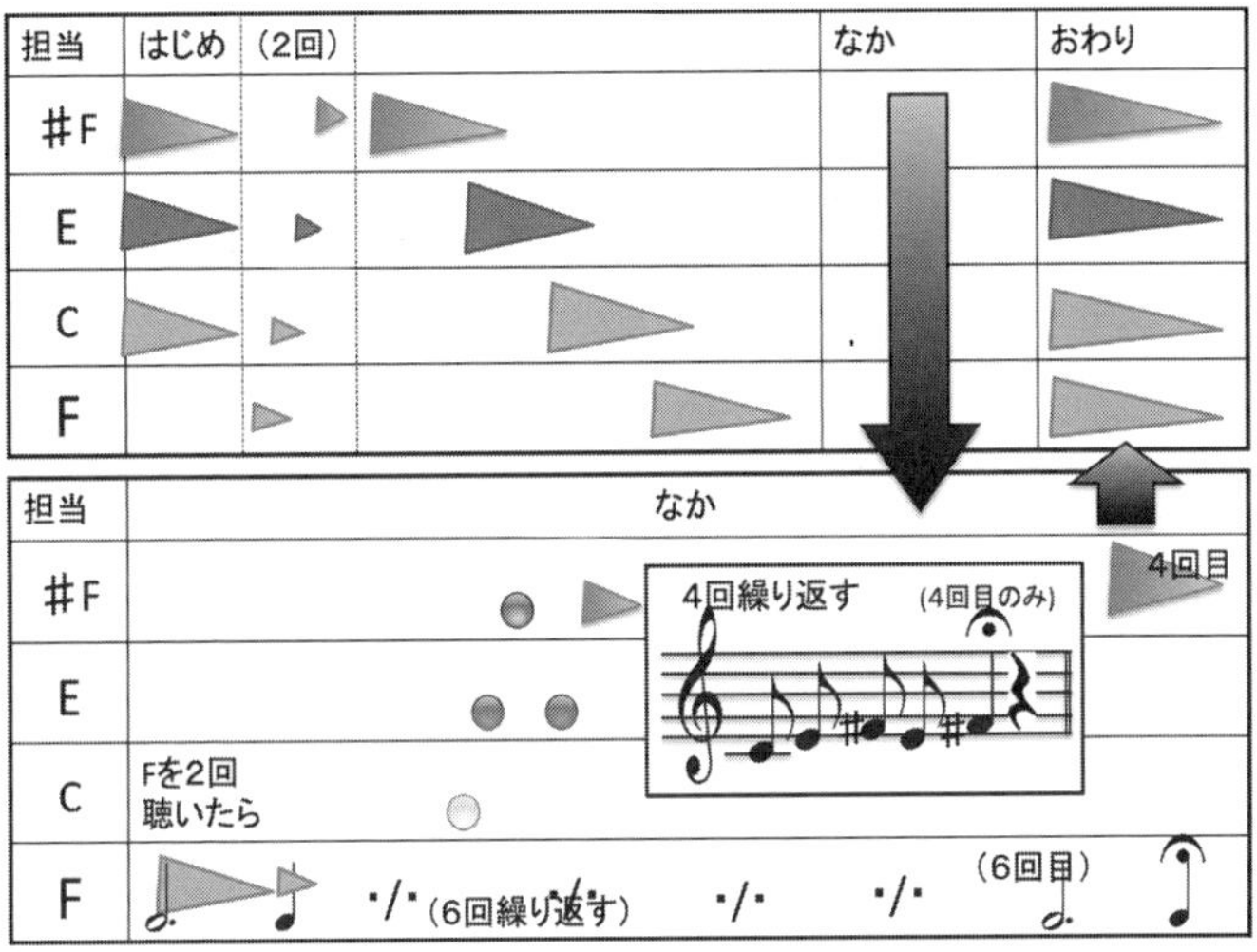

プも、はじめの部分からつくっていたグループも次のステップを踏み、作品の完成に向けて熱を帯びてきた。いよいよ、作品の完成と発表だ。

はじめの部分を和音で始めたグループの作品は、友達の中間発表を聞いてそれを参考にしながら中の部分をつくり、おおよそ、上表のようになっていた。他のグループも個性的で聴き応えがある。十二の音をバラバラにして、児童一人一人がどれかの音を担当し、偶然集まった4つの音で新しい音楽をつくる。即興的であり現代音楽さながらである。与えられた曲や決められた音階の枠から外れ、集まった音たちが、児童の手によって意味のある音の流れとなって躍動し始めたのだった。

私は児童の発表を聴きながら、トーンチャイムのもつ響きのよさとその扱いやすさが児童の音楽的な思考を高め深めていくことを確信した。そして、児童が音楽を創造し自信たっぷりに発表する姿は、まさしく舞台上の作曲者であり演奏者であると感じた。最後の音までにその響きをじっくり聴こうとする聴き手側の児童は、鋭い鑑賞者となって、作品のよさを分析している姿にも心が踊った。

私はこのような形で誰もが音楽に触れ合えたら、出会えたら、と願っている一人である。音楽の創作を体験することは、もっと身近にあっていい、と思う。とはいえ、多くの人にとって等しく機会が与えられている義務教育の音楽の授業で、こうした機会に恵まれたことのある人はまだあまりいないだろう。この要因の一つに、私自身も小学校教員であったときに授業の拠り所としていた「学習指導要領」があると考えられる。

学習指導要領における創造的な音楽の授業のあり方

そもそも学習指導要領とは、全国どの学校でも一定の教育水準を保てるよう、文部科学省が定めるカリキュラムの基準のことである。おおよそ10年に一度、改訂されてきた。どの科目をどれだけの時間（授業）を使ってどんな内容を教えるか、というだけでなく、教育方針や子どもたちの育成すべき資質や能力、目標まで定められている。いわば、どのような児童・生徒を育てていくかを決める、教育分野における国の指針（方針）と言える。音楽の科目についても然りである。ただしこれは、一定水準の教育を保証するための最低限の基準であるとされる。基準をクリアしているのであれば、授業内容は教師がカスタマイズ可能だし、オリジナリティのあるやり方をしてもいい。「どのように教えるか」は多分にそれぞれの教師の裁量に任されている。とはいえ、全国の教師にとって、この基準をクリアしているか否かは、カリキュラム（授業）を組む上での悩みどころであるのは間違いない。せっかくの創意工夫を凝らした授業が、基準を満たせないものになってしまってはいけないからだ。では、本稿で提示した事例は、学習指導要領においてどのように位置付けられるだろうか。この点は、とりわけ現場の音楽科の授業に関わる教師にとっては気になるところであろう。

本授業は、公立小学校の第5学年で行われた「音楽づくり」の学習である。まず、現行の高学年の学習指導要領における音楽づくりの内容を見ると、次頁表のように示されている。

先行き不透明な時代を生き抜く力として創造性を重視する方針から、前学習指導要領に示されていた音楽づくりの「音遊び・即興的な表現と音を音楽に構成する学習する」内容を「ア．思考力、判断力、表現力等に関する指導事項、イ．知識に関する指導事項、ウ．技能に関する指導事

現行の小学校学習指導要領に見る音楽づくりの高学年の内容

ア　音楽づくりについての知識や技能を得たり生かしたりしながら、次の(ｱ)及び(ｲ)をできるようにすること。

(ｱ)即興的な表現を通して，音楽づくりの様々な発想を得ること。

(ｲ)音を音楽へと構成することを通して，どのように全体のまとまりを意識した音楽をつくるかについて思いや意図を持つこと。

イ　次の(ｱ)及び(ｲ)について，それらを生み出すよさや面白さなどと関わらせて理解すること。

(ｱ)いろいろな音の響きやそれらの組合せの特徴

(ｲ)音やフレーズのつなげ方や重ね方の特徴

ウ　発想を生かした表現や，思いに合った表現をするために必要な次の(ｱ)及び(ｲ)の技能を身に付けること。

(ｱ)設定した条件に基づいて，即興的に組み合わせたりして表現する技能

(ｲ)音楽の仕組みを用いて，音楽をつくる技能

項」によって上記のように整理され、より音楽づくりの学習が重視されるようになってきた。それにより、小学校音楽科の授業では、様々な音楽づくりが展開され、教科書でもいろいろな音楽づくりの学習が示されるようになった。

しかしながら、使用される教科書では改定後も日本の伝統的な音階や和音を基にした音楽づくりが提示されているためか、本事例のような十二音を自由に扱って音楽をつくる学習は、実際にはあまり行われていない。しかしそれは、本事例が「学習指導要領の基準を満たさない授業」だからではない。詳しく見てきたように、本事例がひとまず表のア、イ、ウを満たしていることは明らかだからだ。

もう少し詳しく学習指導要領を見ると、同要領には、「調《ちょう》」の解説において、ハ長調とイ短調を扱うことについて次のように示されている。

調についての学習では、長調と短調との違い、ハ長調とイ短調の視唱や視奏などを扱う
ことが考えられる。また、音楽づくりなどでは、調性にとらわれない音楽などを扱うことが考えられる。[3]

つまりは、日本の伝統的な音階や和音を基にした音楽ではないものの、本授業のように調性にとらわれ音楽もまた「学習指導要領の基準」のうちに含まれるわけだ。「音楽づくり」の学習は、必ずしも日本の伝統的な音階や和音をベースにしたものでなければならないわけではない、ということだ。それどころか私には、この「調にとらわれない」音楽づくりのアイデイアは、むしろ音楽そのものの真髄であるかのようにも思える。それに、これから先、不透明な時代を生き抜く子どもたちに必要不可欠な、主体的で創造的な資質や能力を育むための学習活動であるとも思う。

ではなぜ、同様の音楽づくりの授業がまだあまり広まっていないのか。一つに、先述したように使用される教科書の限界である。日本の伝統的な音階や和音を基にした音楽づくりが提示され、音楽づくりをしやすくなった点は評価できるが、それによって、教員側の授業のクリエイティビティが制限されているのではないかと思う。

3　小学校学習指導要領（平成29年度告示）解説 音楽編　p.137　文部科学省　東洋館出版社

二つ目に、「調や音階」を使って児童に音楽を組み立てさせることはできても、児童の発想をベースに「調や音階」そのものをつくり出させたり体験させたりすることを通じて授業を組み立てることの難しさがあるかもしれない。それは、音楽を指導する教師の体験にもないことも手伝っているだろう。大学の授業で様々な音楽づくり・創作を体験する講座を受け持ったが、学生の中には即興が苦手、どうしたらよいかわからなくなるなどと言う学生も少なからずいた。音楽科教育法のあり方も考えていく必要があるだろう。

とはいえ、教科書はどんな教師が音楽の指導をしても成果が上げられるような紙面づくりが重要になるため、その提案には限界もある。だから、児童の音楽的な成長を願うならば、教科書を基盤としながらも思い切って「こうしたら面白くなる」音楽の授業を展開することも教師としての役割ではないだろうか。これはあくまで経験則だが、同様の授業を行なってみると、私自身も体験したことのない音の響きが生まれたり、その場限りの音楽が紡がれたりする。それは児童だけでなく私にとっても多くの発見が得られるものだった。授業をまとめていくのはいつだって困難が伴うものだが、現役教師には実験的でも試していただけたらと切に願う。授業は、教師が教科書の内容を教え、歌唱や器楽の技能を高めるだけではない。音楽室という空間を共有しそこで奏でられる響きを楽しみ、児童とともにその場でしか得られない音楽を創造する音楽科の学習が広がってこそ、「豊かな情操」を培う音楽科の発展に繋がるだろう。

トーンチャイムが創出した「サウンド・アッサンブラージュ」

本授業のトーンチャイムの響きの変化による即興的な表現は、音と児童、そして、教師をも一体化してトーンチャイムの音の世界に入り込ませた。一人1音の楽器だからこそ、他者との関わりが必須であり、必然的な協働が生まれる。トーンチャイムの音色が生かされ、2音、3音、4音と広がる。その音をつなげて重ねることで、独特な旋律や和音が生まれ、音楽がつくり出される。既成の音楽とは異なり、児童が独自に奏でた音楽は、トーンチャイムならではの豊かな響きをもった音楽となる。

さらにはこの過程で、児童それぞれの「思い」すらもトーンチャイムの響きと交差する。トーンチャイムの音色を基盤とした児童のオリジナルの音楽が、児童だけでなく教師も、授業を参観している私をも巻き込んでいく。教師と児童、楽器、そして音。それぞれがアクターとなり、そこにしかないアッサンブラージュが生まれていったのだ。一つ一つの単音(サウンド)がつくり出すアッ

トーンチャイムの授業(例)

サンプラージュ。こうした授業風景こそが、義務教育の音楽科として望まれる、豊かな音の世界で創造性を発揮した活動ではないかと思う。

またこの授業は、これまで培われてきた音楽、言い換えると「西洋音楽を基盤とした音楽理論に則った音楽」とまったく無関係なわけではない。調を構成する音（音楽）という土台があるからこそ、「調にとらわれない」という発想に至れるからである。その意味において本事例は、これまで積み重ねてきた音楽教育の先にあるものと言えようか。

トーンチャイムの響きを楽しみながら学習する児童たちの顔は穏やかで、嬉しそうだった。教師は、児童の表現にうなずきながらそのよさを言葉で価値付けし、学級全体で共有していった。こうした学習は、受け継がれてきた音楽の要素を活用しながらも、主体的で創造的に音楽に関わる子どもたち、そして音楽文化の創造者としての子どもたちを育てていくのだろうと感じ、音楽科教育の未来が楽しみにもなった。

調を外れて響き合うトーンチャイム

3　つたえる（継承）

〈第七章〉

制度と情動をめぐる相剋

東北タイのモーラム芸能にみる暴力・性・死

平田晶子

ラム・スィンのある夜に

夕刻6時過ぎ、夕日が沈み、東北タイの農村にいつもと変わらぬ閑寂な夜が訪れようとしていたときのことだった。農家を営む世帯の多いB村では畑仕事から家に帰り、皆が一息ついて夕食を囲む団欒のときが始まろうとしていた。台所から次々と運ばれる夕食。唐辛子と塩とナンプラーを混ぜ合わせた激辛ペーストと自作米の糯米、川魚の干物、レモングラスと塩とナンプラーで酸っぱい味付けにしたフクロタケスープが続く。今夜はご馳走のようだ。「さあ食べて」と母親が言う。家族の一人一人は口数少なく静かに食を進めた。時折、親と子の会話のなかに談笑が含まれ、冗談を言い合う姿が微笑ましい。

夕食が終わる頃、同じ村に住む隣人が「今朝、隣町のN村で法要があって今夜モーラムがあるって」と口伝てに話をもってきた。モーラムとは、東北地方で話されるイサーン語（またはラオ語）が本来もつ音の高低に従って旋律が生まれる語り物で、長編物語様式の名手のことである。敬虔な上座仏教徒が暮らす東北タイの農村では法要が行われ、夜には祖先を弔い隣人をもてなす催し物としてモーラムを招待することが習慣となっている。

父親は「どの（ジャンルの）モーラムだ？」と尋ねた。隣人は、「今夜来るのはラム・スィンだって。女のモーラムはクワンチャイ。男のモーラムはトンチャイ。女は売れっ子で良い声だって聞くよ。トンチャイはパイプン師の芸能事務所に専属する売れっ子モーラム」と、男女のモーラムの組み合わせを伝えた。父親は、行くかどうかすぐ返答はしなかったが、「そうか少し考えておく」と言い返した。

隣人がその場を後にすると、「アキコ（筆者）は見に行きたいか？」と父親が尋ねた。「見に行きたいです」と意思を伝える。「ゲオは？」「どっちでもいいよ」と返答する長女。「そうか、じゃあ、ゲオは一緒に行け。プン（次女）は未だ小さいから家で留守番だ」と言った父親の顔が、一瞬曇ったように見えた。

それをよそにモーラム芸能の大ファンという母親は、既に公演が特設される村の位置と経路を

お祭り騒ぎのラム・スィン

確認していて全面的に乗り気であった。父親が席を外したところで筆者は「何であんな顔したんだろう?」と母親に尋ねると「気にしないで。夕飯は終わったよ。すぐに出かける支度をして」と仕切り直そうとする。父親の怪訝そうな表情の理由は、会場で面倒なことに巻き込まれるかもしれないという不安からでもあったようだ。

近年のラム・スィンの公演は、血気盛んな思春期の青年たちが集まるお祭りムードの芸能の場だ。鬱積するストレスや精神的な不安を解放することができるからか、村と村のリーダーたちが仲間を集ってラム・スィンのモーラム公演最中に喧嘩を起こすようになった。深刻化する背景には乱闘が素手での殴り合いに留まらず、ナイフや鉈《なた》を用いたり、最悪の場合、銃声が会場に響き渡り、流れ弾に当たり命を落とした村びとや芸能者も出ていたりするからだ。このような状況に、村びとたちは神経質になっていた。

父親の一言で、一瞬硬直しかけた空気を払いのけた母親には、モーラム芸能界で有名な芸能者を目指す、駆け出しの弟がいた。だからか彼女自身は、東北タイの農村社会で受け継がれてきたモーラム芸能をこよなく愛する大ファンであり、思春期の若者の乱闘だけを理由に芸能に見切りをつけることなどなかったのだ。「若者の喧嘩がもし始まったらすぐ帰るから何も問題ない」とさらりとかわし、向かった会場の最前列にゴザを敷いた。

しかし、その日の夜9時過ぎに始まったモーラムの公演中でも、乱闘は起きた。一般のポップスやロックの歌謡曲が流れるアップテンポな曲が流れ始めると、他所の村からやってきた若者たちが喧嘩を始めた。最初は棍棒をもった警備員が注意を促す所作で警告を発する程度であったが、事態はヒートアップし、乱闘へと発展していった。舞台後方で鉈を振りかざす男の姿が見えたとき、隣で鑑賞していた母親は力強く私の腕を掴み、低姿勢で舞台前から会場後方に向かって、走って逃げるように指示をした。

そのあと乱闘がどのように収束に向かったのかは、私も村びとと共に走って逃げたため、詳細に描写することはできない。ただ鮮明に覚えているのは、座っていた村人たちが立ち上がった瞬間に聞こえた「ドッ」という音と、ステージ前で舞い上がる白い砂埃をすり抜けるステージライトの光線、それから後ろを振り返らずに車に乗り込み逃げて帰ってきた後に、いつも穏やかな母親が「モーラムは何も悪くない。悪いのは狂った若者たちだ。若者の乱闘にはもううんざりだ」と言いながら見せた、憮然たる面持ちだけである。

振り翳される近代教育と文化評価の制度化を背景に

　先に取り上げた事例は、２００６年に私が東北タイのマハーサラカーム県の農村社会でフィールドワークを実施したときに経験したエピソードである。東北タイの市井の人びとにとってこのエピソードは、モーラム芸能にまつわる凡庸なエピソードとして受け流せてしまう内容である。しかし、私にとっては、東北地方で息づくモーラム芸能の、得体の知れない力の一端に初めて触れた日であり、ここがモーラム芸能と社会をつなげるミステリーを探求する旅の始まりであった。

　本来、僧侶を招いて死者を追悼する法要という、上座仏教徒が遵守する慣習が厳粛に行われる場であるにも関わらず、人びとを狂暴にするリスクをとってでも、ラム・スィンの芸能集団を村に招きたいと突き動かす、モーラム芸能の魅力とは何なのか。また、古老モーラムのなかには商業主義を煽ったモーラム芸能としてラム・スィンの公演を「モーラム」ではないと批判する声をあげる者もいるが、マハーサラカーム県の一村でホストファミリーやあの村の人たちと筆者が経験した、情動的で、時に暴力的でもあり、それでも人びとを魅了するモーラムという芸能は一体何だったのか。フィールドで収集してきた一次資料が語る真実と経験に対して抱いた筆者自身の戸惑いと向き合いながら、本章ではモーラム芸能の奥義とは何かを少しでも掴みたい。

　こうした問いに呼応するために本章は、近年の音楽と社会に関する研究テーマにおいて社会学者のA・エニョンが開拓してきた、音楽と社会をつなげる「媒介」という概念を敷衍させ、他の諸媒介との関わりにおいて音楽が作用し、音楽の享受者と音楽と共に何かをする人をも変容させる作用をもつという知見を手がかりにしてみたい（Hennion 2001:1）。エニョンは、舞台衣装、音響技術、パフォーマンスの社会性、多様な音楽の制度化などを媒介項として抽出し、音楽の享受者と音楽と共に何かする人びとを変容させる作用について横断的な記述を提出してきた（cf. Hennion 2015, 2013, 2003）。これに加えて本章は、モーラム芸能が、時代に応じて流行する衣装やジャズとフュージョンする音楽様式を迎え入れながら人びとを変容させる作用と同時に、特定の社会的・文化的文脈においては古くから伝わる技芸と芸能者としての矜持を保持しようとする力を発動している点にも注目していく。

　さらに本章は、音楽と社会のつながりの媒介項に音楽教育や文化評価の「制度化」と、そこから外れていこうとする芸能のアンビバレントな力学にも配慮した記述を目指していく。音楽人類学者ジョージナ・ボーンも指摘するように、音楽と教育の領域の接近または結合を許す制度化に照射すると、ローカルの音楽が学術領域のパトロンお墨付きの高等教育機関に吸収される傾向にあることが明らかにされている（Born 1987 : 51, 2012 : 271）。対象のタイ王国の音楽と教育の領域に関する制度化の動きとモーラム芸能の関係はどうだろうか。

２００８年に教育省指定基礎教育カリキュラムに応じた到達目標および学習要項が決定され、タイ国内の教育機関は芸術関連科目の学習を重要視することになった。教育省は地方分権の方針に従い、上意下達で発した指定基礎教育カリキュラムに準じた教育活動を、その地域に配属された教員の資質と個人的判断に委ねている。モーラム芸能は、基本的には教員の資質によって公立の初等・中等教育機関の音楽科目で教えられることもあるが、むしろそれは稀なケースである。ラオ文学や仏教経典にも関連するモーラム芸能と教育活動の強い結びつきを正しく理解している初等・中等教育機関であれば、モーラム師を招聘し、創作活動の体験型学習を企画することもあるが、それは短期的な特別体験学習に留まる。高等教育レベルになると現在の東北地方ではモーラム科目を開講する国立大学が二校ある。東北地方の最高学府にモーラム音楽を継承する音楽科目を設けることで学術の領域において成功を収めたことで、２００４年以降、学士号・修士号・博士号を取得したモーラム芸能者を輩出してきた。学術的な評価と共に社会的な評価も高まり、モーラムの中には王室の庇護を受けた「国家芸術家賞」という文化勲章を受章する芸能者もいる(平田 2019)。一見すると東北タイのモーラム芸能は見事、近代教育と文化評価の制度化の名の下に包摂されている、と結論付けることができるかもしれない。

ところが、官製の制度化の動きをよそに、モーラム芸能自体は、タイ王国の周縁にある東北タイの農村社会で「漂泊の芸人」「米乞い芸人」と蔑視の対象に扱われ、また近年では暴力や卑劣さを連想させる。一方で、敬虔な上座仏教徒からは死者の弔いの指揮を任せるという絶大な信頼と安定した需要をもつ立場を築きあげてきた。政府が主導する制度化の枠組みに接近するモーラムと、むしろ制度化の流れから敢えて距離を取りながら活動を続けるモーラムとに分裂しているのが現状である（平田 2019：209-211）。

このようなモーラム芸能のアンビバレンスを解明するために、本章の前半では、まず音楽の享受者や関係者の人びとと社会を媒介する古典的なモーラムと、現代風のモーラムにみる舞台衣装と音響技術に注目する。後半の記述では、どの時代のモーラム芸能にも一貫する韻律の規則性、先師と祖先に対する崇拝行為、セクシュアリティを表現する歌を媒介項に取り上げ、「制度化」に振り回されることなく、人間の情動や情欲の解放を許す不変的な軸をもちながら、継承され続けてきたモーラム芸能の奥義に触れていきたい。

ジャンルの分裂

モーラム芸能世界の入り口に筆者が立った日からその出口に向かうことはないまま、すでに二十年以上もの月日が経ってしまった。モーラムは、時代の社会状況や流行に合わせて演奏形式や様式自体を柔軟に変化させてきた。本節で取り上げるモーラム芸能は現代風のラム・スインだが、まずは古典的で基礎でもある伝統型のモーラム・クローンについて簡単に説明しておこう。

伝統型は、前述のモーラム・プーンから枝分かれし発展した。男性と男性、男性と女性、まれに男性2名と女性1名、[1]というように二人のモーラムにケーン（ラオスの笙）の伴奏がついて上演する。モーラム・クローンは、基本的に男女のモーラムが知識や知恵を競い合い、どちらの受け答えが優れているかの勝敗を決める問答形式の上演形態であり、名手の歌う内容やリズムによって複数の節回しが用意されている。[2]言語や抑揚などのレベルから全て異なるが、それはまるで合衆国ニューヨーク市ブロンクスで産声を上げたヒップホップのバトルのようだ。

モーとは、ある技術や技能について特殊な専門的知識を有する者を意味し、クローンは「詩、韻文」という意味である。「ラム・クローン」は、韻律を維持した韻文で構成されたラムの歌詞を淡々

1　ラム・チーン・チューと呼ばれるモーラム・クローンである。一般的に、醜い（または貧乏な）男性とハンサムな（または金持ちの）男性が、一人の女性を口説くために、モーラム歌謡で競い合う掛け合い演奏形式がよく知られている。

2　「ラム・パニャー（知恵の言葉並べ）」「ラム・ギィアオ（求愛の歌）」のほか、悠々と流れるメコン河の川下りのようにゆったりと流れるリズムと節回しが特徴で大自然と共に生きる人びとの情念などを歌い上げる「ラム・ロン・コーング（長唄）」などが披露される。

と歌い上げていく行為自体も含む。この韻律を維持したクローンの詩作活動は、歌い手に最も求められる基礎的な技芸の一つである。

熟練したモーラム・クローンの多くは、貝葉写本に刻まれたラオの仏教文学や民間伝承を読む機会を出家経験から習得する機会もあり、韻律を詩作する能力が出家経験を通して身につく。モーラムが紡ぐ言葉の連なりが聴衆の身体をすり抜けた後、「これぞモーラムだ」と判断する基準に挙がるのは、まさにこのラオ語の歌詞で表現される韻律の維持や響きでもある。

他方、モーラム・クローンから派生したと言われる、現代風モーラム・スィンの歌手は、「天賦の才 (*phɔɔn sawan*)」をもつ者以外、芸能事務所に弟子入りした後、師匠の作った歌詞を正確な節回しで歌えるようになることが優先的に重んじられるため、韻律を保った詩作作業の長期的な訓練を受けていない。現地のモーラム・クローンがラオ語や韻律の維持に矜持をもち、それらを「モーラムの美学 (*suntharíyaphap khong molam*)」と誇りをもつ一方で、ラム・スィンの名手は、電子音楽の導入の他、高性能な音質とともに、大音量で流せる最新のPA音響機材を搭載したライブ・パフォーマンスに満足してもらうことを重要視している。その名の通り、「スィン (速い、粋な、スピードを飛ばす、素早いの意味)」なラム歌唱技法が特徴で、スピード感溢れる速いリズムで歌われる。1980年代後半から1990年代初頭、時の政権のリーダーであったチャートチャーイ首相は、インドシナを「戦場から市場へ」変えるスローガンを掲げ、隣国との国際貿易を促進し、インフレ整備や公団に力を入れて経済成長を促してきた。ラム・スィンは、勢いづく経済成長期の真っ只中にあったスィンなタイ社会を映し出した産物ともいえる。

「聴かせる」から「躍らせる」モーラム歌謡へ

モーラムたらしめるモーラムの真髄だとされるラム歌詞の韻律を重視する伝統派のモーラム・クローンから派生したモーラム・スィンは、衣装や音響技術に変化を見せ、その享受者たちの音楽鑑賞のあり方やファッション志向にまで影響を与えた。

モーラム・スィンの女性モーラムと後ろで踊る踊り子たちの衣装は、もはや伝統的なモーラム・クローンの女性モーラムがまとう伝統衣装の織物巻きスカートではなく、流行に合わせて変化するため目を見張る物がある。基本的には孔雀の尾のように長いフレアのついたミニスカートのドレスにすらりと伸びた足を露出させ、高さ10〜15センチのハイヒールやブーツを履くスタイルが流行してきた。2021年頃にはホットパンツが大流行し、ハリウッド業界で活躍するビヨンセやジェニファー・ロペスの東北タイ版を眺めているような気分になった。女性モーラムがまとう衣装は、村で暮らす農民にとって最先端のファッションを先取りするもので、その時代の流行を反映する。

女性モーラムは、かつての昭和の時代に一般大衆がブラウン管越しに眺めていた、人気アイドルのピンクレディーや山口百恵や小泉今日子のような、手には届かない、創り上げられた雲の上の存在ではない。むしろ彼女たちは、特殊な歌唱や舞踊の技法を授かりながらも、農村社会で育った同じ境遇を農民たちと共有しつつ、気取らない親近感をもてるアイドル的な存在だ。ライブハウスに行けば必ず会えて、握手もできるし、チップもすぐに手渡せる距離感を愉しむことのできる、現代日本社会の地下アイドルとファンとの距離感に近似するのだろう。

こうしたファッションに合わせて音響技術の電子化は音楽を聴く人びとの鑑賞様式に変化を与えてきた。モーラム・スィンの上演形態の特徴は、いわゆる伝統的なモーラム芸で使用されていたケーンに加えて、電子楽器のキーボード、ベース、ギター、ドラムが加わったことである。キーボードの音が、ケーンの音と似ていることから、以前に比べてケーンの役割は減ってしまい、アップテンポなリズムで観客を躍らせるようなビートを紡ぐ。

近年では、音響技術の高精度を優先し、先に述べた韻律にじっくりと耳を傾けるラム歌謡を聴き入る公演よりも、ロック調の音楽と融合したステージが作りだされている。２０１５年頃から黒色のＴシャツにブラックジーンズをはいたロック系の女性モーラム歌手が東北タイ社会に出現し、「ロット・ヘー（タイ語でパレードカー）」を乗り回す音楽バンドが結成された。２０２１

年11月、タイ国最大の通信社タイラットのオンラインニュースで報道された500万バーツ（日本円で約190万円）の2階建ての赤い大型トラックこそ、このロット・ヘーだった。全長約12メートル半、高さ約4メートル、幅3メートルの大型ウイング車。色鮮やかな赤を基調とした車体の外装は、娯楽商業会社のロゴマークに加え、黄色の五線譜と音符の絵柄が施されており、快活な表情で手を上げてポーズをとる少女の肖像画が描かれている。この少女こそが、東北タイのマハーサラカーム県に拠点を置きながらモーラム歌謡を歌い続けてきた30代前半の若手実力モーラム歌謡歌手ポーである（参考動画は章末のQRコード①）。

念入りに設計されたこの2階建てパレードカーは、2階部分の窓を全開させて地上から車内で演じる踊り手を鑑賞することができるオープンカーに変貌する。それだけではなく、ウィングボディのトラックと同様、ウィングを垂直に開けて、両サイドまたは片方のサイドのみのウィングを開いてステージに変形することができる。天井や壁には照明に加え、大型スクリーンが設置されていて、後方の大衆も歌い手の表情や動きを確認できる。大型スピーカーの音響設備も整っており、ロット・ヘーはまさに自由自在にどこまでも移動するライブハウスである。

ロット・ヘーが完成するまで、ポーの公演依頼は年間300回を超えていた。しかし、完成後、ロット・ヘーで巡回公演を重ね始めた途端、ポーの公演依頼数は1年も経たずに600回を超えるようになった。平均すると一日2箇所で2～6時間歌い続けていることになる。ポーは、「どこでもステージを作り出せる。コロナ禍にあってロット・ヘーで動くことは、ライブハウスのような密閉された空間でのライブと違い、みんなにとって安心で安全であること。ファンのみんなもそれを気にしているから、気にならない空間をつくりたい」と笑顔で話した。惜しまぬ投資は音楽をこよなく愛する自分自身と、音楽芸能活動を支えてくれるファンの居場所を守るためでもある。高度な音響技術を取り付けたロット・ヘーを媒介し、ファンと歌い手はモーラム音楽のライブでしか体験できないグルーヴを味わい尽くす（参考動画は章末QRコード②）。

ただし、ラム・プーンやラム・クローンの演奏形式からここまで姿形を変えようとも、この「ロット・ヘーの歌姫（*rachini rot hae*）」は「自らのアイデンティティはモーラムにある」と主張している。ドラムとベース、シンセサイザーから響くロックビート調とフュージョンする現代的なモーラム芸能として変容を遂げる一方で、歌い手たちはラム・ローン、ラム・ターン・サン、ラム・トゥーイと続く一連の節回しを次々と巧みに歌い回し、30分余り途切れることなくラム歌謡を歌い上げる。また、技芸の習得過程で商業主義に走った若手のラム・スィンであっても「心の契約」を一度交わし、モーラムの伝統音楽を継承していくと誓った師匠との約束（東北タイで女性の性器を象徴するへそ出しルックはしない等）は守り続け、師弟関係に敬意を払い続けている（平田 2022：56-57）。時代に応じて取り込まれるジャズやロックとフュージョンするモーラムの音楽衣装や音響技術を媒介し、芸能者や関係者はそこに立ち上がるモーラム芸能の矜持やその秩序を守る師弟関係を尊ぶ。

パフォーマンスの社会性

公演依頼の数が少なくなった古老モーラムの中には訝しげに現代風のモーラムの有り様を眺め、「商業派」「偽物」と苦言を呈する者もいる。しかし、いかなる芸能だと形容されていても、若手モーラムは時代に合わせて様々なジャンルの音楽とフュージョンして創作活動を止めることはない。

変貌を遂げる芸能活動を記録していると、調査者である筆者自身がどのモーラム芸能実践の根底にも横たわる不変的な伝統芸能の神髄に気づかされる瞬間があった。それは、舞台の上で繰り広げられる多様なモーラム歌謡のパフォーマンスを媒介し、仏教徒でもあり、農民でもある、音楽の歌い手とそれを共有する人びとが、師弟間関係のみならず、祖先と子孫の社会関係を重んじた瞬間である。

ここでは、モーラム芸能のパフォーマンス事体がタイ社会とその社会に生きる大衆との関係において重要な機能的役目を担っていることに注目してみたい。その具体的な事例に人間の情動や感情を揺さぶる先師崇拝歌、祖先を弔う法要の晩に一席設けられる祖先供養歌を取り上げてみると、これらの歌で紡がれるモーラム歌謡を媒介する師弟間や子孫間の社会関係のつながりが浮き彫りになる。ここで扱う一次資料は、２０１６年３月26日にマハーサラカームとローイエットの県境にあるノーントゥム村で行われたモーラム・スィン公演についての現地調査に基づく。

先師崇拝歌

午後7時、会場に到着すると、町役場の裏側にある広場に鉄筋で組み立てられたステージが既に用意されていた。モーラムは主催者に挨拶し、すぐにステージ裏にゴザを敷いて準備に取りかかった。モーラムや踊り子たちは化粧や着替えをはじめ、公演依頼主によるもてなしの夕食を口にする。その直後、出演者が舞台の裏に集まり、ワイ・クー（先師崇拝儀礼）が始まろうとしていた。

「ワイ」は崇める、拝む、「クー」は師を意味する。一般的には舞台近くの樹木の根元や草木のある場所で執り行われるが、その日はこれに相当する空間がなかったため、鉄筋支柱付近の舞台裏にモーラムと踊り子が座り込んだ。

モーラムは、ワイ・クーの儀式用に先師に捧げる供物のセットを盆の上に用意した。供物は、蝋燭、線香、花、酒、ゆで卵、バナナの葉、白布、サロン、櫛、白粉、手持ち鏡、潤滑整髪剤、金銭などが盆の上に並んだ。儀礼が始まると、モーラムは、供物を並べた盆に対して前方正面に座った。モーラムは、盆を後頭部より上に高く持ち上げ、先師崇拝の文言を呟くように暗誦した。ここで感謝や尊敬の念を向ける対象とは、自分自身に技芸を教えてくれた師だけではなく、直接的な指導は受けていない師匠の師匠、すなわちこの世を去った先達のモーラム師などである。モーラムは、ワイ・クーが終わると、しばらくの間は合掌し続け、公演への災いを除き、公演が成功するようにとパーリ語で偈頌《げじゅ》（偈文《けいぶん》）を三回唱え、公演の成功を祈願する。

オーラノー、合掌。仏法、十波羅蜜、弥勒仏、比丘、三宝への帰依、全宇宙の聖なるもの、美徳と道徳を教え示してくれた父よ、母よ、師匠や先生たち、皆さまのご加護に守られ、今夜の舞台でも私をお守り下さい。

オーラノー、善哉。10本の指を頭の上に挙げ深く合掌します。どうか師匠や先生、今日の公演を助けに来てください。今夜のラムの競演相手をも見守りください。今夜は師匠が導いてくれたこの道に身を任せて歌います。もし間違えてもご容赦ください。責められないように、もし的を外して非難や嘲弄の言葉を浴びたとしても、咎められないように、長老や年配の方々がすぐに難儀をつけず、一先ず冷静に見守り、心の支えとなってくれますように。

右記の先師崇拝儀礼で唱えられる呪文の内容からも分かるように、先師崇拝歌の詠唱は、公演の安全や成功のために、目に見えない先師や神々からモーラム本人がもつ実力を超越した力を授かろうとする呪術的行為でもある。モーラム芸の舞台は、夜間に行われることが多い。夜9時頃から始まり、朝方4、5時まで夜通し続く。一般的に伝統的なモーラム芸の歌い手であると、一回の夜間公演で80から150もの長編詩を歌い上げる。莫大な量の歌詞を一晩中歌い続けることは、聴衆にとっては当然の技芸とみなされる。他方、モーラム本人にとっては、長時間にもわたる公演を無事に終演するためには、歌詞を忘れないこと以外にも、声が嗄れ果てないこと、途中で雨天中止にならないこと、冒頭のエピソードで示したような乱闘を引き起こす外部者からの妨害行為を受けないことなど、自身の技能以外の面で気がかりな事柄が幾つもある。「ワイ・クー」では、公演の成功を祈願する呪術的実践が執り行われるのも、技芸を操る芸能者自身の身体と、芸能者自身の能力や技芸では制御しきれない外部環境の安全や平和を願う、娯楽提供者である一人間としての願いが込められる。

自分の活動を支える恩師の存在との社会関係を教示する「ワイ・クー」に加え、公演が開始するとすぐに舞台上でモーラムが歌う先師崇拝歌を媒介してモーラム芸能の担い手とその師匠との社会関係を公言する場面が設けられる。8時過ぎ、前座のライブ演奏が会場に流れ始める。ギター、ベース、ドラム、シンセサイザーを演奏するバンドが一時間ほど耳を劈くほどの大音量で奏で続け、その音に惹きつけられるかのように徐々に舞台前に観客が集まり始めた。実際にモーラムが歌い始めるのは夜9時を回った頃である。男女交互に自前のオープニングのモーラム歌謡のなかで先師崇拝歌を歌う。モーラム自身の出身地にはじまり、生い立ち、師事するモーラム師の名乗り、先師を含めた熟練のモーラム師の名前を名乗り上げる。この先師崇拝歌は、伝統派のモーラムと現代風のラム・スィンの両方で歌われるもので、男性モーラムに続き、女性モーラムが滔々とケーンの伴奏に合わせて歌い上げた。ポップスやロックのライブ公演では見ることのできないモーラム公演特有の一場面である。

この時間は静かに村びとも、韻律を保ったラム歌謡の調べに耳を傾けていたが、終わると男女のラム・スィンの歌い手たちがアップテンポなラム・トゥーイの旋律に合わせて韻文を紡ぎだし、掛け合いの形式の公演がしばらく2〜3時間ほど続いていった。

追善供養歌

続いてモーラム芸能音楽と東北タイの上座仏教社会を媒介するモーラムの公演の終盤に歌われる追善供養歌を挙げてみたい。冒頭で記述し若者の乱闘が起きる近年の現代風ラム・スィンの公演は音楽の担い手のみならず、その享受者たちが身の危険に晒されるリスクをもつ。それにもかかわらず、モーラムは在家信者が主催する葬式や法要の場に招待され、主宰者の家族と会場に集まる大衆とともに、死者の魂を弔う大役を任されるほど絶大な信頼を寄せられている。これらの矛盾を紐解く鍵ともなる媒介項が、追善供養歌である。

ラム・スィンの公演で追善供養の祈祷をする

先に述べた先師崇拝歌のあと、しばらく男女の掛け合いのラム歌唱合戦が続いた。男女のモーラムは、馴れ初めから共寝までラムの韻律を守った韻文のラム歌謡の物語を軽やかに歌いながら、歌や特殊な身体動作で観客を愉しませた。激しく身体を揺らす男女のモーラムの問答や身体動作に興奮して止まない会場の雰囲気を一変させたのは夜間公演の一番の見せ場でもある祈祷の瞬間であった。

依頼主家族はモーラムとともに舞台上に上がり、ステージの中央で輪になって座り込んだ。依頼主家族の喪主は、供養した遺族の遺影を抱えている。先ほどまで激しいアップビートの節回しで歌い続け、息切れしていたモーラムは、呼吸を整えながら次の追善供養歌をラム・ローンの節回しに合わせて歌った。

本日この機会に申し上げます、来世へと旅立たれた、トーンスック父さんへの追善供養の法事をして功徳を積みましょう、私たちの主催者は誇りに思います。今日、功徳を積みにこの会場にお越し下さった皆さん、そして主催者ご家族一同に、幸福と繁栄がもたらされますように。親戚や兄弟たちが聴きにきているので、私たちモーラムは皆さんに喜びを届けましょう。徳を信じる者は布施をして配分します。立派な法要を行うときは、親しい家族や親戚に伝えましょう。今日、この場に集まった大勢の人たちは、この法事を見守ってくれる人たちです。遠近を問わず集まってくれた村々の兄妹たち、広く知れ渡った神聖な吉祥行事。信仰が篤いこと、そしてモーラム・クローン・スィンがやってきて皆さんの心を和ませます。師匠モーラム〇〇の弟子である私が今日のラムの歌い手です、ラム・スィンをしにやってきて行事をお手伝いします。

モーラムは、滔々と歌いながら感極まって涙を流した。この歌詞の後にもモーラムは、祖先を偲ぶ追悼の想いをゆっくりと歌い続けた。依頼主家族のなかには、亡くなった家族・親族を思い出し、涙を流すものもいた。モーラム歌謡の追善供養歌で紡がれた旋律は、慣習としての法要を執り行う上座仏教社会と敬虔な仏教徒たちの死者に対する敬意のつながりが浮かび上がる文脈で脈々と継承され続け、祖先を敬う秩序を保ち続ける。

セクシュアリティの表現と野生のユーモア

こうした人間の情動や感情を解放させてきたモーラム芸能の舞台では、さらにセクシャリティやローカルナレッジ（民俗知識）を標榜させる即興的な言葉遊びが行われる。リアルタイムで行われるライブ・パフォーマンスを描く上で「参与型」と「上演型」に区分する手法にならえば（Turino 2008）、モーラム芸能は基本的に歌い手が舞台上で演じる上演型が続く。伝統的なモーラム・クローンも現代風のラム・スィンの歌い手も、農村の暮らしや風土、恋愛、慣習、社会問題、仏教説話を織り交ぜながら大衆に教え諭していく社会的な役割を担っている一面をもつ。説法する立場でモーラム歌謡を歌うとなれば、演者と観客という二者関係の境界線は明瞭であり、演じ手が一方的に表現していくという上演型であるといえる。

ところが、モーラムの上演中、聴衆が舞台前に現れてマイクを握り、「ソーイ」と呼ばれる言葉遊びが許された参与型のパフォーマンスに転じる場面がある。モーラムの芸能者だけではなく大衆も共に自己表現することができ、モーラム芸能と社会とのつながりが色濃く出る瞬間でもある。

言葉遊びは、歌い終えたばかりのモーラムを除き、老若男女問わず観客の誰もが挑戦できる。オペラ劇モーラム・ムーの大規模楽団には、モー・ソーイと呼ばれる言葉遊びの名手も配属されている。東北地方の見本市や雑貨店には「ラム・パニャー（古くから伝承されてきた民衆の智慧や知識を収録した韻文集）」や「ラム・キアオ・パラシー（求愛方法の技巧を綴った歌集）」のほか、ソーイに特化した特集本も売られている。脚韻頭韻を多発する言葉遊びを探求し、創造を愉しむ東北タイの人びとは、まさにかのホイジンガのいうホモ・ルーデンスとでも言えまいか（ホイジンガ 1963）。

ソーイは、端的、かつリズミカルに歌われる。村人が即興で言葉にするソーイには、頭韻や脚韻が織り込まれている。モーラム芸の公演が面白ければ面白いほど、観客はソーイを利用して、公演への満足度をモーラムに伝える。機知に富んだソーイが大衆の中から飛び出ると、我も我もと言葉遊びに挑戦しようとする村人で舞台前が賑わうのだ。選ばれる題材は、東北タイの世俗社会を生きる人びとの身近な出来事や素朴な疑問のほか、節足動物、脊椎動物、野菜、果物など身近な生物や食物を観察しては人間の行動と比較して面白おかしく表現したものまで多岐にわたる。政治的リーダーの振る舞いを話題に取り上げて、風刺的かつ冷笑的に表現することもある。聴衆がドッと笑うオチの部分では、ソーイの終わりに必ずモー・ソーイが定型句の「これもソーイという」の一文が挿入される。ここでは、座が白けるどころか、どっと笑いの声が上がり、拍手喝采で会場を盛り上げたソーイを取り上げてみたい。

1）ソーイ、ソーイ、皆さん、ソーイを聞いておくれよ
俺たちのリーダーは、向こうのリーダーと違って
すっかり女房の尻に引かれている
俺たちのリーダーは、向こうのリーダーと違って
汚職ばかりを考えている
これもソーイという

＊１９６０年代以降、東北タイは政府主導の開発計画の舞台となり、巨額の事業資金が流れ込み、経済発展の裏で汚職の増長が顕著化し、風刺的に歌われた。

２）ソーイ、ソーイ、皆さん、ソーイを聞いておくれよ
小娘がトカゲの姿焼きを食べたいとさ
塀の向こう側に沿って歩いて眺めていると
頷いている頭だけがひょこひょこ見えるんだ
そいつはささっと走っていったよ
捕まえようとするとそいつはすぐさまスカートのなかに入り込む
そいつは左にねじれ右によじれる
頭を振り声がかれるまで泣いているのさ
トカゲの姿焼き美味しくて最高さ
これもソーイという
＊トカゲの滑稽な動きを端的に表現する。この他にも沢ガニの交尾やフンコロガシなど生物の動きを観察したソーイは数多とある。

3）ソーイ、ソーイ、皆さん、ソーイを聞いておくれよ
水牛が炎天下で暑くて泥水の中に寝そべりカエル
カエルは水牛のそんな姿をみてもちっとも喜びやしない
イライラした挙げ句、耳の穴がなくなったのさ
これもソーイという

＊カエルに耳がないことを教える生物の授業のようだ。

モーラムの公演の合間に挟まれるソーイは、社会的な風刺に留まらず、野生生物と人間という生物の性の営みを同じ地平に並べて描き、さらにはエロティシズムの喚起を促すものもある。モーラム芸能自体は、伝統的なモーラム・クローンも、現代風ラム・スィンも、男女のモーラムが二人の馴れ初めから深い関係に至るまでの恋物語を演じきる。男女の求愛をめぐる規則や慣習について隠喩を用い、聴き手に考えさせながら、教え諭す韻文を紐解く高尚なモーラムの名手の舞台に時には遭遇することもあった。[3]

3　韻文で綴られるラオ文学作品『祖父から孫への教訓唄（*kɔɔn lam puu sɔɔn laan*）』など。

補完の可能性

現代風のラム・スィンは、陽気でコミカルな物語を展開させながらも、上座仏教社会に深く根差した伝統芸能であることは明白である。モーラム芸能を好んで観にくる大衆は、爆音で盛り上がるラム・スィンの公演が中断し、祖先供養の儀式に移行しても、決して不満を漏らすことなく爆音演奏の再開をせがむことはしない。その夜にモーラムを観にきた大衆は、主催者との血縁親族関係の有無に関係なく、祖先を偲んで泣き叫ぶ子孫に共感し、主宰者が抱く祖先への情念を静かに包容する。村びとの精神世界を支える宗教的な慣習に根付く一方で、モーラム芸能は、身の回りの食材や動物の形状、性質、行動を観察し、性の営みを豊かな想像力と観察力で写実するソーイの言葉遊びを愉しむ場を開放する。

ただし、こうした言葉遊びとは別に、ラム・スィンの公演では、人情の機微に触れる男女の儚い想いや愛慕の言語表現が仕掛けられず、荒々しい身体動作で性行為の営みを体現する過激なステージを確認できる。これに相当する一部のラム・スィンにのみ焦点が当たり、1990年代後半から2000年代前半の間に地方のメディアや教育機関で開催されるセミナーで「余りにも露骨な表現で卑猥すぎる」と、エリート教育を受けた古老モーラムや役人から非難の声が上がった。

特に近代教育が地方にも普及し始めると、人間のエロティシズムを喚起する「性」を扱ったソーイやラム・スィンのパフォーマンスは、卑劣だと見なされるようになり、市内や寺院で開催される場合は表現のあり方を控えるようにと、古老モーラムやアカデミアからモーラム連合に連絡が入ったこともある。

ただし、タイ人モーラム研究者のなかには、モーラム芸能の公演自体が東北タイ社会における人々の鬱積したストレスや疲れを解放させる役割を担っているだけではなく、性教育を施す教育的装置として機能していると再評価する現地人研究者もいる［Thammawat 1993:171-172］。実際、タイの現行教育カリキュラムは、日本の学習指導要領が教育課程に設ける保健体育科目に相当するものはなく、性教育に関する正しい知識や情報を児童・生徒に提供していない。

それにもかかわらず、権威の象徴である教育機関の公的な場で権威者たちは、ローカル独自の性に関する営みや教訓を伝承するラム・スィンの芸能を「下品である」「卑猥である」と表象する。現代社会に適応した性に関する「野生の知」を表現し続けるモーラム芸能がもつ豊かなセクシュアリティの表現行為は、近代教育の権威者が放つ言説によって排除されていくと同時に新しい時代に柔軟に適応させた舞台芸術の創作・表現を続けている。近代教育の制度化を通じて増長する過剰な理性至上主義は、音楽教育の制度化によって本来芸能が担ってきた性教育の務めを削ぎ落す。むしろ、伝統型も現代型も問わず、いかなるモーラム芸能の公演で継承されてきた情動や性の解放は、現行の近代教育を補完するローカルナレッジの価値を次世代に伝え続けているのかもしれない。

参考文献

Born, Georgina 1987 Modern Music Culture: On Shock, Pop, and Synthesis. New Formations Number 2:51-78.

——2012 Chapter 23 Music and the Social in The Cultural Study of Music: A Critical Introduction. Routledge. (pp.260-274.)

Hennion, Antoine 2015 The Passion for Music: A Sociology of Mediation.

——2013 "Talking Music, Making Music: A Comparison between Rap and Techno," Derek B. Scott ed., The Ashgate Research Comparison to Popular Musicology, London: Routledge, pp.365-76.

——2003 "Music and Mediation," Martin Clayton, Trevor Herbert and Richard Middleton eds., eds., The Cultural Study of Music: A Critical Introduction, London: Routledge, pp.80-91.

Thammawat, Charuwan 1993 "Watthanatham phun ban" in Botbat khong molam to sangkhom Isan.（「土着文化」『イサーン社会におけるモーラムの役割』）Chulalongkon University.

Turino, Thomas 2008 Music as Social Life: The Politics of Participation. University of Chicago Press.

平田晶子 2022「倫理価値と安全保障の創造―東北タイ芸能集団の技術的選択の事例から―」『物質文化』物質文化研究会、102号、pp.53-72。

――― 2019「イサーン文化復興再考――文化評価制度の確立と東北タイ・モーラム芸能者の関係性―」『東南アジア研究』京都大学東南アジア研究所、56巻2号、pp.185-214。

ホイジンガ、ヨハン、高橋英夫（訳）1963「ホモ・ルーデンス：人類文化と遊戯」中央公論社。

〈ポー及びパレードカーの関連動画〉

①

②

〈第八章〉

一切をつむぎ、交感するアッサンブラージュの力

高知におけるガムランプロジェクトの実践を通して

宮内康乃

体育館に響き渡るガムランの音

ここは高知市春野町。のどかな田園風景の先に雄大な太平洋を見渡せる、そんな日本の原風景にある小学校で、ガムランの音色が響き渡っている。

演奏しているのは小学生の子どもたちだ。その表情は真剣そのもの。青銅製ゆえに音の余韻が長いガムランの、豊かな響きと揺らぎに身を任せ、イキイキと演奏している。互いに奏でる音を聞き合いながら、太鼓の合図に意識を研ぎ澄ませながら。楽器の音色には元気な歌声が重なる。しかもそれは自分たちで作ったオリジナルの歌詞だ。「カツオのたたき」「どろめ」に「皿鉢《さわち》」な

ど高知の名産品や「高知にきてみいや」といった土佐弁も交ざり、可愛らしいご当地ソングのようでもある。表情からは自分たちの生まれ育った土地に対する誇りや愛も伝わってくる。

演奏が終わると、体育館に集まった他学年の生徒たちや保護者から体育館が割れんばかりに歓喜の拍手が鳴り響いた。拍手の出所はその場にいる人たちばかりではない。体育館脇に設置された大きなモニターにずらりと並ぶ、オンラインで繋がったインドネシア・スラバヤの大使館の方々もだ。モニター越しでも、子どもたちの力強い演奏に心打たれ、目に涙を浮かべながら感動でいっぱいの拍手と満面の笑顔を送っているのがわかる。テレビ局の取材も入り、夜のニュースでも取り上げられるらしい。この日の演奏は、きっとさらに多くの人たちの元へも届くのだろう。

演奏を終えた子どもたちは、安堵と達成感でとびきりの笑顔を見せていた。その表情は凛として自信に満ち、もう一端《いっぱし》の演奏家のようだった。ただ、何より一番喜んでいたのは楽器たちかもしれない。体育館の中央に堂々と並べられたガムランは、まるでようやく自らの本領を発揮できたことを心から喜ぶように、誇らしげにキラキラと輝いていた。無事に演奏会が終わると、突然、土砂降りの雨になった。「長い呪い」が解け、ようやく響きを取り戻したガムランたちの涙か、浄化の雨か。演奏会が大成功に終わったことを象徴するかのようでもあった。

２０２１年３月12日、高知市春野町の春野東小学校の体育館は、そんな夢のような時間に包まれた。子どもたちが演奏するガムランの音色が、演奏した当人たちだけでなく、その場にいた人々、さらに遠く離れたインドネシアの人々の心までも確かに一つに繋いでくれたのだ。

だが、この「ガムラン楽器」と「高知の小学生」が巡り会うまでには紆余曲折した物語がある。そもそもこのガムラン楽器は、高知にたどり着いてから長らく、ほとんど日の目を見る機会すらなく倉庫に眠っていたのだ。だから私には、ここで生まれた時間と空間は、奇跡のような出会いやつながりで立ち昇った唯一無二のものであり、音楽の力による「アッサンブラージュ」が創出された瞬間だったように思えた。

本章では、この奇跡の瞬間までの高知ガムラン物語を紹介していきたい。さらに、このような体験は私にとってこの時だけに起きたことではない。私はそれを創出することこそ、音楽の役割であり、私が音楽を紡ぎ出す意味であると考え活動してきたからだ。

「アッサンブラージュ」とは、その場にある様々な要素が、あるきっかけで意図せずつながりを持ち、えも言われぬ不思議な力や空気がふと立ち昇ってくる瞬間、状態を指している。そして、音楽は、全てをするんと繋ぎ合わせ、一体に調和させてしまう力を持っており、それは音楽の持つメディエーション機能の力である。私はこれまでこの音楽の力に強く惹きつけられ、いかにしてそれを生み出すかを目指し、活動してきた。今回お話しする「ガムランプロジェクト」は、まさにそういった音楽の力＝メディエーション機能と、そこで生まれる一切が調和するような一体感＝アッサンブラージュ創出の瞬間を最も実感した体験の一つだった。その内容を、私自身の活動や、コンセプトも交え、お話ししていきたい。そして、その軌跡を辿りながら、音楽の持つ人知を超えた力とはなんなのか、という生涯をかけて取り組む大テーマについて、今一度考え、その答えに少しでも近づけないか試みてみたい。

独自の方法論「つむぎねメソッド」

高知のガムランの話に入る前に、まずは私自身の現在の音楽活動のコンセプトから触れていきたい。

私の作曲法は、「楽譜を使わない」「他者とのコミュニケーションをもとにしたルールベースでできている」という特徴を持つ。私が音楽において重視しているのは、譜面上で緻密に構成することや、編集によって完璧な演奏を記録することではない。それよりも音楽がきっかけとし、その場にいる人たちが一体となり、共鳴し合う時間や空間そのものを生み出すことに主眼を置いている。より詳しく言えば、音楽を「メディア」として、その場にいる人々、環境や空間、さらには目に見えない存在（自然界や死者たちの魂など）まで、時空を超えてつながってしまう「きっかけ」を作ることこそ音楽の役割であり、存在する意味だと捉えているのだ。音楽に対する私のこの考えは、机上で思考して演繹的に思いついたというより、実践を繰り返して帰納的にたどり着いた。それを実感する現場を数多く体験したからこそ、音楽の「本質」とはそういうものだ、という考えを持つようになったのだ。

本書のテーマである「アッサンブラージュ」というキーワードに当初、私は聞き馴染みがなかった。しかしその言葉が意味するところを理解していくうちに、私がこれまで「作曲」という行為を通して生み出したかったものはまさにアッサンブラージュそのものではないかと気がついた。即興的で、その場のあらゆるものを接続する。この作曲法を選んできたのは、よりアッサンブラージュを生み出すことに近づけるからなのだ、と。これまで自分の中にあった漠然とした感覚をどう言語化して良いのかと頭を抱えていた私は、自分の活動を表す言葉にようやく出会えたと感動した。そこで本章では、本書の中で唯一「作曲家」という実践者の立場から、体験してきた具体的な実践例を紹介しながら、その力について考えていきたい。

私は幼少期より音楽、特に西洋音楽に慣れ親しんで育ち、いつからか「作曲家」を志すようになった。大学では西洋音楽の作曲法を学んだが、その後学びたい師匠を追いかけ入学した大学院にて「メディア・アート」と呼ばれる、先端テクノロジー・アートを学ぶ学科に進学し、そこで大きく価値観の転換を求められた。これまで自身が体得してきた、楽器や譜面を通して表現される音楽ではなく、電子音やプログラミングによってスピーカーから出てくる音楽には、演奏家という「身体」が存在しない。同じ「音」をアウトプットとしていても、全く異なる入り口からの表現にこれまで培った価値観や技術は一切役に立たず、途方に暮れ、挙げ句の果てに音楽とは何なのか、私はいったい何を表現したいのか、が全く見えなくなってしまった。

そんなどん底まで落ちた瞬間、「なぜ音楽は生まれたのか」という最も根源的な問いにぶち当たった。そして、その起源についてあれこれと調べていくなかで、世界中の民族音楽に出会った。その生き生きした表現は、楽譜を用いずに奏者同士のコミュニケーションで生み出されていき、地域によっては音を「揃える」ことより「ズラす」ことが美しいというような、私が慣れ親しんできた「西洋」とは全く異なる美意識を持っていることに衝撃を受けた。自分が今までいかに「西洋音楽」と呼ばれるものの価値観でしか音楽を捉えていなかったかにも気付かされ、そこで私の表現は大きく変わっていった。

こうして楽譜を用いない、その場の一回性で生み出される表現、そして「1人たった1音のみ」などといったシンプルなアプローチで、誰もが参加できるような独自の作曲法へと辿り着いたのだ。なかでも私は、「声」という誰もが持つ唯一無二の楽器に着目し、老若男女、性別、世代、人種を超えて、身体ひとつで参加できる音楽を実践してきた。昨今はその独自の表現法を、主宰するグループ「つむぎね」の名前から「つむぎねメソッド」と名付け、プロもアマチュアも関係なく多様な人たちと世界中でワークショップを行なってきた。「つむぎねメソッド」のコンセプトや活動歴の詳細は補論の小西氏による分析を参考にしていただきたいが、要は音楽はコミュニケーションツールであり、言語よりも遥かに深く他者と繋がることができる存在である、ということを体感できるワークなのである。

私は、これまでの実践を通して、数多く「アッサンブラージュ」創出の現場に立ち会ってきた。例えばワークショップは一期一会の出会いで、その場に集まった初対面の人同士と実践することが多い。始めは緊張でぎこちなかった空気が、ともに声を重ねるうちにみるみると一体に溶け合い、終わる頃には参加者たちは、なんとも言えない温かい空気に包まれ、長い年月を過ごしてきた仲間や家族のような親密な気持ちになることがある。その感覚が忘れられず、私が音楽を作る「意味」は、そういった一切が自然に調和し、一つになる瞬間（＝アッサンブラージュ）を生み出すことではないか、と考えるようになっていった。

さらに、音楽はなぜ存在するのか、という大学院時代にぶつかった長年の問いに対する答えの糸口がそこに見えてきた。人と人、人と自然界や先祖、死者たちとをするりと繋いでしまう力を持つのが音楽で、人類はその力を理解し、音楽を多くのものとの調和を生み出す万能なツールとして活用してきたのではないか。単に音を楽しむという目的だけでなく、もっと深い、人間の生み出した偉大な智慧がそこには詰まっているのではないか、ということだ。しかし、現代はそういった音楽の本来の意味が希薄となってしまった。それゆえに我々の生活は、生き苦しさの一途を辿っているのかもしれないとすら思う。だからこそ、今一度音楽の持つ本来の役割や力を取り戻したい、というのが私の活動の根幹となるコンセプトとなったのである。

高知とガムランとの出会い

ではここから具体的に、2020年度に高知で実践した、ガムラン・プロジェクトを紹介していきたい。高知市にはジャワ・ガムランのフルセット楽器がある。地元でもあまり知られていないが、もともとは高知市の姉妹都市であるインドネシアのスラバヤ市から友好の記念として2004年に贈られたものである。

ガムランとは、主にインドネシアに伝わる伝統音楽の形態、あるいは楽器そのものを指す言葉だ。青銅製の鍵盤打楽器や銅鑼を中心に、太鼓や弦楽器、笛、歌が用いられる合奏音楽で、「東洋のオーケストラ」とも称される。[1] なかでもジャワ島に伝わるジャワ・ガムランとバリ島に伝

1 東京音楽大学付属民族音楽研究所編 2023『ガムラン入門～インドネシアのジャワガムランと舞踊（東京音楽大学付属民族音楽研究所講座）』スタイルノート

わるバリ・ガムランの2種類が、その性格や奏法の対照的な違いにより世界的によく知られている。ジャワ・ガムランは王宮を中心に発展し、優美でテンポもゆったりとして陶酔するような音楽であるのに対し、バリ・ガムランは民衆中心に発展し、非常にテンポも速く、力強くエネルギッシュにトランスへと誘うような特徴がある。

ジャワ・ガムランには、スレンドロ、ペロッグと2種類の音階の異なる楽器セットがある。高知市にはその両セットがあるというから、すごい。しかし残念ながら、もらったもののどう扱って良いのかわからず、長年箱に入ったまま市役所の倉庫で保管されていた。

高知市所蔵楽器における音階の音高
（五線譜はあくまで近似値）

ところが数年前、高知市春野東小学校の音楽教諭である鍋島史先生が興味を持ち、ペロッグ音階のセットを学校に持ち込んで授業での活用を始めた。さらに２０２０年には、もう片方のスレンドロ音階セットを高知大学教育学部の金奎道先生が引き受け、大学の授業で活用し始めた。楽器たちは、十年以上の眠りから覚めることになったのだ。

私がこの「高知のガムラン」に出会うことになった経緯は、思い返せば２０１８年に国際交流基金アジアフェローにて半年間かけて東南アジア4カ国（マレーシア、カンボジア、タイ、インドネシア）をリサーチ旅で周ったことに始まる。

先述の通り、自身の活動を通して音楽がコミュニケーション・ツールであると感じるようになった私は、その役割が今も社会で生きている現場を見聞きしたいと考えた。そこで以前一度だけ訪れたバリ島で見た、音楽、芸能と人々の生活、信仰心が色濃く繋がりを持って生きていた様子を思い出し、東南アジア諸国にはまだそういった風景が多数残っているに違いないと、リサーチの旅に出たいと考えたのだ。

その旅を通して改めてガムランの魅力に触れたのだが、ガムラン自体がまさに「コミュニケーション・ツール」そのものであり、その演奏を通して、人々は楽器の演奏技術を学ぶだけでなく、他者とのコミュニケーションの取り方や集団での交わり方など社会的・道徳的なことも学ぶ、教育的な要素までも強く持っていることに気づかされた。演奏を通し、その流れの中で相手が出す音にどのようなタイミング、音量で応えたら良いかなどといった、相手を思いやる心や全体の調和を頭ではなく身体を通して感じ取る経験は、人間関係を築いていく大切な要素を学ぶ上でもっとも有用なツールであると感じた。ガムランには私の考える音楽の持つ本来の役割、つまり他者とのコミュニケーションを育む人間の智慧が凝縮していたのだ。また、もちろん人間同士のコミュニケーション・ツールとしての役割だけでない。ガムランは今でも儀礼の場で演奏される。その

倉庫に積み上げられたガムラン

演奏を通して自然界や死者の魂との交信の役割も担っている。よって現地では楽器には神が宿るとされ、御神体として花や供物を備え、丁重に扱うのだ。

帰国後、そのガムラン演奏のもつ有用性を日本の教育現場にも生かせないかと考えていた矢先、アジアリサーチの様子を見ていた高知県立美術館の松本千鶴氏より、2019年にレジデンス・アーティスト[2]として10日間の高知滞在リサーチの話をもらった。半年間アジア諸国を周りながら、日本にも芸能と生活が密着した風景が残っていないのだろうかと考えていたところだった。そこにきて高知で土地の芸能やコミュニティのリサーチができるのは願ってもない機会だった。その際、松本氏から高知のガムランについて聞き、眠ってしまっているガムランの活用も併せてリサーチしないかと提案されたのだ。

2 アーティストが一定期間ある土地に滞在し、常時とは異なる文化環境で作品制作やリサーチ活動を行うことや、その滞在制作を支援する事業のこと。

まずは市役所で、当時まだ倉庫にあったスレンドロ音階のガムランセットを見せてもらった。それらはほぼ贈られてきたままの状態で、木箱に入って積み重ねられていた。楽器はそれぞれがとても重たいので動かすだけでも苦労している、とのことだった。

続いて春野東小学校を訪れて音楽教諭の鍋島先生に会い、音楽室に並ぶペロッグ音階のガムランセットを見せてもらった。この鍋島先生との出会いが、すべての歯車が回りはじめる大きなきっかけとなった。鍋島先生はとても明るく積極的な方で、私の活動にも興味を持たれ、滞在期間中に子どもたちと「声のワークショップ」をやってもらえないかと嬉しい申し出をされた。結果、リサーチ滞在の最終日、春野東小学校5年生全クラス合同で体育館でのワークショップが実現した。とても元気な子どもたちで、先生方もノリがよく、みんなで大いに盛り上がって実施できた。このご縁が翌年のガムランプロジェクト実施へと繋がる最初の一歩となった。アッサンブラージュの始まりである。

高知県立美術館プロジェクト「ガムランの練習曲をつくる」

ガムラン活用の可能性を感じた松本氏は、翌2020年に「出前音楽教室アジアの楽器『ガムランの練習曲をつくる』」(参考動画は章末QRコード①)という企画を立ち上げた。学校で代々演奏できるガムラン曲を私と子どもたちが一緒につくるという内容で、一回限りのものではなく末長くガムランが活用されていくことまでを期待しての企画である。

「ガムランの練習曲をつくる」とあるが、ガムラン曲には西洋音楽のハノンやチェルニーのような練習曲は存在しない。どんな曲でも演奏者のレベルによって無限にアレンジができるからだ。それでも「練習曲をつくる」というタイトルになったのは、企画者である松本氏の、ガムラン初心者である子どもたちと先生と私と、みんな一緒にスタートラインから学びながら成長していこう、という意味が込められている。ガムランに初めて触れる子どもたちが最初に演奏する曲として活用できる曲を作ってほしいという願いでもある。

だが、事が動き出したこの年は新型コロナウィルスの蔓延が始まり、学校現場も歌やリコーダーなど通常の音楽活動がほぼ実施不可能となってしまった。プロジェクトの存続も難しいかと思われたが、幸い、叩いて演奏できるガムランの活動はこのような時期の音楽活動にうってつけだったのだ。この点については、詳しくは後述しよう。

とはいえ、まずは私自身がガムランを一から学ぶ必要があった。「古典の奏法を踏襲せずに自由に新しい創作をする」というアプローチもあるが、私は古典曲の構造を学ぶことから始めた。単にガムラン楽器を使用した現代曲を作るのではなく、古典の発展としての新しい音楽を創作したい、という思いがあったからだ。先に述べたように、ガムランには私が目指す理想の音楽のあり方そのものを見出すことができるからでもある。また、その後の授業で他の古典曲を演奏する活動にもスムーズにつなげられるという利点もある。ジャワ・ガムランの専門知識については、若手の演奏家でガムラン研究者の増田久未氏にお願いした。一から基本を教えてもらい、コツコツと古典曲の構造や奏法を学んでいった。

本プロジェクトは4年生と実施することになった。4年生は3クラスあり、1クラスの生徒は20数人。また春野東小学校では4年生から音楽専科が始まる。卒業までの3年間を通してガムランを継続的に授業で活用できるように、という鍋島先生の考えのもと選ばれた。

2020年10月には、第一歩として春野東小学校で4年生にワークショップを実施した。ワークショップは私と増田氏に加え、広く民族音楽の面白さを伝える役目として民族楽器を紹介するワークショップに長けた飯田茂樹氏が講師となった。飯田氏はNPO法人日本インドネシア・バリ教育文化協会（JIBECA）の代表でもあり、インドネシアの音楽にも精通している方だ。ワークショップの前半は、飯田氏が世界の様々な面白い楽器を紹介し、竹製の打楽器アンクルン[3]の

3　竹製のハンドベルのような楽器。楽器を振ることによってカラカラと竹の柔らかな音が響く。1つの楽器ごとに1音だけなので、ハンドベルのようにそれぞれが受け持つ楽器を指揮者の合図で順に鳴らし、みなで1つのメロディを奏でる。この時は、「きらきら星」を演奏した。

合奏などを実施した。それに続いて私が「つむぎねメソッド」の声のワークを行なった。

後半はいよいよガムランの登場だ。ガムランについて楽器の種類や役割、演奏の特徴などの基本的知識をスライドを見せながらレクチャーした上で、増田氏主導のもと、古典曲「Suwe《スウェ》 Ora《オラ》 Jamu《ジャム》」の演奏に挑戦した。子どもたちはみな飲み込みが早く、たった20分足らずであっという間に演奏が形になってしまった。子どもたちの想定を上回る能力に驚かされ、幸先の良いスタートとなった。また、普段聴き慣れないガムランの音色にも、皆抵抗なくすんなりと気に入ってくれたようでほっとした。

オリジナル曲「カメカメKura-kura」の誕生

ワークショップ後、年内は私が作曲に専念する時間となった。春野東小学校のための曲ということで、何がテーマとなるか考えたところ、思い浮かんだのは学校の玄関にある水槽に泳ぐ可愛らしい小さなカメたちだった。春野東小学校はウミガメの保護活動をしており、近隣の浜で産卵された卵を学内で孵化させて、水槽で育て、海に帰すという活動をしている。それに校内のトイレやピロティなどにもカメのキャラクターが描かれている。これは国土交通省認定の海戸《かいと》くん、海美《かいみ》ちゃんというウミガメの公式キャラクターだ。春野東小学校にとって「カメ」は、学校のシンボルなのだ。

そこでまずカメをテーマにした曲を作ろうと決め、カメをインドネシア語でなんと言うのか調べてみるとKura-kura《クラクラ》だとわかった。アジアリサーチでインドネシアとマレーシアに合わせて4ヶ月ほど滞在した私は、少しは現地の言葉[4]に耳慣れていたので、Hati-hati《ハティハティ》（気をつけて）とかSama-sama《サマサマ》（どういたしまして）など、日本語のオノマトペのように同じ音の繰り返しでできている言葉が多数あることを知っていた。さらに調べてみると海の生き物の名前が、Rumba-rumba《ルンバルンバ》（イルカ）、Ubur-ubur《ウブルウブル》（クラゲ）、Cumi-cumi《チュミチュミ》（イカ）など、やはり繰り返しの言葉でできていることもわかった。この繰り返しの言葉と、日本語のオノマトペをかけ言葉にした歌詞を考えたら面白いかもしれない、と思い至った。元来のガムラン古典曲の歌詞も、掛け言葉や語尾の韻を踏むなどの手法が用いられるからだ。

楽曲は、古典にならってジャワガムランの形式の中でLancaran《ランチャラン》形式で作曲した。ガムラン曲は円環構造をしていて、周期の繰り返しでできている。その周期の長さの違いでいくつかの形式

4　インドネシアには島によって独自の言語も数多くあるが、共通語・公用語としてインドネシア語（バハサ・インドネシア）がある。これはマレー語（の一種）に由来する言語のため、インドネシアとマレーシア双方で通じる言葉も多い。

があるが、その中でLancaran形式は16拍に1回ゴングが鳴り、最も短い周期でできている。太鼓が指揮者役となり、太鼓の合図でA（基本の奏法）の繰り返しからB（ケバルと呼ばれる賑やかなアレンジ）の繰り返しに切り替わり、AとBを太鼓の合図で切り替えていく。Bに切り替わると楽器によっては奏法も変わり、歌が入る。形式はきちんと古典の構造に則っているが、初心者向けに切り替え方をわかりやすくするなど、オリジナルのアイディアで工夫を加えた。またBでは、ボナンという釜形ゴングが並ぶ旋律打楽器のパートの奏法に、音楽作りの要素を取り入れた。二人でペアになり、掛け合いで演奏するのだが、奏者が5つの音を好きに組み合わせて即興的に弾いたり、もう一方の奏者と好きな組み合わせで音を振り分けて対話のように演奏できるようにした。なお、歌詞は3番まで（Bに切り替わった1回分）は私が作詞した。一節を紹介しよう。

カメカメ　Kura-kura
Rumba-rumba　イルカいるか？
クラゲブルブル　Ubur-ubur
イカのすみの　Cumi-cumi

いつか海に帰っても
友達いっぱいだね
気をつけて　元気でいてね
Hati-hati!　Sampai《サンパイ》 Jumpa《ジュンパ》 Lagi《ラギ》.（気をつけて！　また会いましょう）

4番からはクラスごとに自由に作ってもらった。結果として、冒頭に触れたような高知ならではの方言や名産品が含まれたり、クラスのカラーが出たユニークな詞も生まれた。例えば、2組の歌詞は次のような節になった。生徒たちも作詞に携わることで、「自分たちで作った曲」という愛着も強まったようだった。

春野の人たち　めちゃくちゃ優しいよ
さあ一回　来てみい〜や
食べ物も　おいしいよ
高知の Terkenal《トゥルクナル》（有名）
カツオのたたき

どろめに皿鉢に

Enak《エナック》 Ayo《アヨ》 Makan《マカン》!（おいしいよ、さあ食べて！）

ガムランの演奏を通して子どもたちに学んでほしいと願うことがある。もちろんこのような他国の音楽に触れる活動は一般的に、珍しい楽器に触れて異文化を感じること、そして演奏に熱心に取り組み発表する達成感を味わうことを目的とするケースが多いだろう。しかし私はガムラン演奏に触れる重要なことは、もっと別のところにあると感じている。それはガムラン音楽が持つ最も本質的なところで、「身体を通して対話するコミュニケーション音楽」を体感することだ。

ジャワガムランはバルンガンと呼ばれる骨格旋律を書き示した数字譜は存在するが（バリガムランにおいてはそれさえない）、曲の構成やそれぞれの細かい奏法を示した楽譜は存在しない。常にきっかけを出す役割の楽器による合図（これも1つではなく、状況や役割によっていくつかの楽器が様々な合図を出す）により無限に発展し、毎回流れが変わるという即興的で多層的なものなのだ。こうした演奏をこなすためには、いつでもお互いの音を聞き合って対話しながら流れをその場で作っていく必要がある。

それにはもちろん、西洋音楽とは全く異なるルールや奏法に慣れるための練習は必要であるが、私は練習して上手に演奏できるようになる、といった「習得」を目的とするのではなく、演奏しながら言葉ではない「対話」をし、そこから互いを「感じあう」体験を、ガムラン演奏を通して子どもたちに体感してもらうことを、この活動の一番の狙いとして定めた。これは音楽の「本質」そのものを知ることであり、日常生活に活きるコミュニケーション能力を養うことにも繋がるはずだからだ。

コロナ禍による新たな挑戦

楽曲は無事に年内に完成した。年明けから月1回ずつ学校に足を運び、練習を重ねていく予定だったが、翌2021年1月もコロナ感染者数は大きな数字を示し、東京方面から高知へ足を踏み入れることがとても難しい状況であった。しかしこれが、図らずも「オンライン授業」という新しい挑戦の機会になった。コロナ前には考えられなかったことだが、2020年内に学校側にWi-Fi環境などの設備が整ったところだったので、美術館側からオンライン授業をやってみないかと提案が上がったのだ。

この提案に鍋島先生はもちろん、学校側も快諾した。プロジェクトに関わる全ての人たちが、諦めるよりも「できることはチャレンジしたい」という思いが一致していた。これがプロジェク

オンライン授業の様子（撮影：松本千鶴）

トが成功した一因だと感じる。

1回目のオンライン授業までに、デモ用の演奏映像を、東京のガムラン演奏家たちに協力してもらい撮影したり、事前にそれぞれの楽器の奏法をオンラインで鍋島先生に伝えて授業に臨んだ。まずはデモ映像を見せ、子供たちに曲を聞いてもらってから、早速それぞれの奏法を説明しながら合奏に入っていった。

前述の通り、ガムラン音楽は周期の繰り返しでできている。太鼓の合図が来るまではその周期を繰り返すだけなので演奏は比較的容易なのだが、知らず知らず西洋音楽の感覚が身についている私たちには、拍の取り方などの感覚の違いに苦戦することがある。例えば西洋音楽的な観点だと一番最後に感じられる音が、曲の頭だったり、裏拍から始まるように感じたりする。そのため、楽器ごとにスタートがずれてしまうことが多々ある。もちろんオンライン越しではそれぞれの演奏のディテールはわかりにくいが、一方で全体を客観的に見ているぶん、スタートがずれてしまった生徒や途中で落ちてしまって復帰できずにいる生徒に気づきやすいという利点もあった。そこで、モニター越しに私と増田氏が指示を出しつつ、現場で鍋島先生と美術館の松本氏が直接指導するという、オンラインとオフラインのハイブリット方式を採った結果、想定した以上にうまくいった。これは大きな発見であり、音楽指導のあり方としては革新的な方法論になった。

このような形で各3クラスと1月、2月に渡って複数回オンライン授業を進めた。子どもたちも画面越しにもかかわらず集中力を切らさずに熱心に取り組み、だんだんと西洋とは異なるガムランの理論や感覚に身体が慣れ、演奏が形になっていった。

そして、コロナの感染者数が落ち着いてきた3月に満を辞して現地を訪れることができた。ここで初の対面練習を行い、体育館での発表会へと辿り着いた。

最終発表会

最終発表会はなんとか3クラス合同で体育館に集まって実施できた（章末QRコード②）。1組がガムラン演奏をする際は、2組が歌とアンクルンを演奏し、3組が鑑賞する形でローテーションして行った。互いのクラスの演奏を聴き合うのも一緒に演奏するのもこの時が初めてとなった。

結果を先取りしていえば、新たな試みの連続にも関わらず、演奏会は想像を遥かに超えた手応えのあるものになり、多くの反響を呼んだ。生徒たちは体育館のピリリと冷えた空気と、多くの観客の視線に良い緊張感を感じながら、互いに注意深く他楽器の音に耳をそばだて、演奏を進めていった。青銅楽器の豊かな残響が体育館の隅々に響き渡り、その響きはたゆたうように観客の身体を共振させる。ゴングの深い響きはどこまでも伸び、体育館の外に広がる山々や海までも共振させるようだった。Aのシーンでは金属音に混ざって、竹製打楽器アンクルンの乾いた柔らかな音色が重なる。そして太鼓の合図でAからBへと切り変わると、土佐弁とインドネシア語が入り交じる歌詞が登場する。この場所で、この瞬間しか生まれない音の重なりが、体育館にいる全ての人を包み込み、えも言われぬ一体感を生み出した。

それぞれ練習を重ねてきたとはいえ、当日までほとんど全クラス合同でリハーサルができなかった中、本番に堂々とまとまった演奏を成立させ、聴衆を感動させることはプロでも簡単なことではない。それを可能にしたのはガムランという音楽の特性や、生徒たちの頑張りに他ならないが、あの「一体感」を生み出したのは、もしかしたら演奏を聴いていたのが同じ空間にいた人だけでなく、遠く離れたスラバヤの人まで含まれていたから、というのもあるかもしれない。

演奏会には同校の1、2年生や、前年に私が声のワークショップを行なった6年生らが聴きにきてくれた。だが、教員や生徒、保護者、プロジェクトメンバー以外にも、この演奏会に参加してくれた人たちがいる。

実はこのプロジェクトを通じて、高知に住むインドネシア人たちと繋がることも叶っていた。松本氏のコーディネートのもと、トマト農家で働く青年やカツオ一本釣り漁の船に乗る若者たち、日本人と結婚して長く高知に住む女性など、多くのインドネシア人が高知で生活していることがわかった。そんなネットワークから、ジャワ島のソロ（スラカルタ市）にある王宮でプロの踊り手だったジャワ人女性が高知に住んでいることがわかった。ガムランの演奏会があることを知った彼女は、前日に急遽足を運んでくれ、民族衣装をまとって子どもたちのガムラン演奏に合わせて踊ってくれたのだ。久しぶりに生のガムラン演奏とともに踊れる機会に恵まれて本人もとても喜んでくれたようだが、子どもたちにとっても、本場のプロの踊り手と共演するまたとない機会になった。そして、当日ももちろん会場に足を運び、子どもたちの勇姿を見届けてくれた。前日に初めて踊りと合わせる経験をし、テンポや流れなど、楽器だけで演奏するのとは異なる感覚を体験したことも、当日の演奏に間違いなく影響しただろう。

加えて、市役所の方々から「スラバヤの大使館とオンラインで繋ぎたい」と提案され、大使館員にリアルタイムで子どもたちの演奏を見てもらうことにもなった。間違いなくコロナ禍ゆえに実現したアイデアだ。演奏を見た現地大使館の方々は、目に涙を浮かべながら、遠く日本の地に渡ったガムランが子どもたちによっていきいきと演奏されている姿を心から喜んでくれた。

多くの反響を呼んだ最終発表会
写真提供：高知県立美術館［2021］（撮影：釣井泰輔）

日本の子どもたちがインドネシアの伝統的な音楽を、日本語とインドネシア語の混ざった歌詞で奏でる。もしかしたらそれだけでは、この日感じた一体感は生まれなかったかもしれない。踊り手や大使館員の存在が、子どもたちに良い緊張感や集中力を与え、そして遠くスラバヤの地まで響きを届けたいという強い想いを生んだことも一因なのだと思う。だからこそその場にいる人たちを、一つにする力を生み出せたのではないだろうか。

演奏会にはＮＨＫの取材も入り、その日の夕方のニュースでも紹介された。大きなテレビカメラの存在も、子どもたちのやる気を掻き立て、会場にいる人たちの高揚感も生み出しただろう。高知新聞も練習段階から本番まで何度か取材に訪れていたため、当日の様子は後日記事になった。ほんの少し前までは存在さえ知られていなかったガムランが、このプロジェクトをきっかけとして一気に多くの人たちに知られることになった。異文化交流の契機となったり、現地のスラバヤと直接コミュニケーションを取れたりと、一つの学内発表会が国境を跨いだ広がりを見せ、企画者の松本氏にとっても期待を超えるものになったようだ。

ただ私には、発表会を一番喜んでいるのは当のガムラン楽器たちであるように思えてならなかった。たとえ大事に箱にしまわれていても、楽器としての本領が発揮できなければ存在意義がない。子どもたちの手によって毎日のように音を出してもらうことで、楽器たちはどんどん響きが良くなっていった。やはり楽器は人の手が触れてこそのものなのだ。楽器たちの喜びの想いも、アッサンブラージュ創出に間違いなく繋がっているに違いない。

先に述べたとおり、元来現地ではガムランには神が宿るとされる。そして、必ずゴングの脇には花や供物が供えられる。本プロジェクトでも、増田氏の助言により毎度花が供えられていた。異国の地でも畏敬の念をもって迎えられたガムランの神々が、私たちに時空を超えつながり合う奇跡のようなひとときをプレゼントしてくれたのかもしれない。

ガムランのその後

この活動をきっかけに鍋島先生は、もう二度と楽器たちを箱に戻さない、という決意を持たれ、その後もガムランを使った授業に使命感を持って取り組まれているようだ。初演をした子どもたちは２０２２年度に卒業し、中学生になった。次の4年生も「カメカメ Kura-kura」の演奏を始めたとか、5年生になったら、楽器をそれぞれ代わって互いに奏法を教えあっているそうだとか、活動が継承され、発展している報告を聞くたびに嬉しく思っている。

また、２０２３年の1月31日には、再び「カメカメ Kura-kura」が公式に演奏された。事の発端は上述の成果発表会に由来する。その際オンラインで鑑賞したスラバヤ市の大使館の方が「ぜひ2022年度姉妹都市締結25周年記念に、もう一度演奏してほしい」と提案されたのだ。ぜひ実現したいと高知市役所の方々が尽力され、見事交流会の実現に至った。演奏するのはもちろん、初演した当時の4年生、発表会時点で6年生となった子どもたちだ。3月に卒業を控える彼らにとっても、絶好のはなむけの機会となった。6年生へと成長した彼らは、さらにアレンジを加えた演奏に取り組むなど練習をし、当日はスラバヤ国立大学附属ラボラトリウム小学校とオンラインで繋ぎ、高知側の演奏に合わせてスラバヤ側の生徒が踊ってくれるという、またとないコラボレーションが実現した。いよいよガムランが、高知とスラバヤの子どもたち同士の交流にまで繋がった。また、高知市の中学生はスラバヤへ訪問する交流事業があるようで、ガムランに触れ、現地とオンライン交流を重ねてきた彼らが実際にスラバヤを訪れ交流することに、市も大きく期待をしているようだ。引き続きガムランの存在は、様々なものをつなぐメディエーションとしての役割を担っている。

アッサンブラージュとメディエーション

ここまで高知でのガムランプロジェクトの具体的な話をしてきたが、その内容からガムランが持つメディエーション機能について、そしてそこで生まれたアッサンブラージュについて、まとめてみたいと思う。

まず、今一度ここで、メディエーション、アッサンブラージュといった概念の意味や関係性について確認したい。今回のプロジェクトの成功にはさまざまな要素が関わっている。それらはいわば物語の登場人物のようなものだ。ここではそれらを「アクター」と呼ぼう。

アクターは、私や子どもたち、松本氏、鍋島先生、増田氏などばかりでなく、ガムランという存在そのものなど、関わった全ての人やモノを指す。人やモノだけでもなく、高知という土地や春野東小学校という場所、2020年という時期、コロナ禍という状況など、それにまつわる時間や空間といった様々な事象もアクターの一つと考える。

それらの点同士を結びつける、いわば糸のような存在が「メディエーション(媒介)」機能である。それは一見全く無関係だった存在が、あるきっかけで思いがけず結びつきを持つような力を示す。そうした媒介機能が働いた結果、全ての事象が奇跡のようにつながり、その場、その瞬間にしか生まれない、一切がひとつとなった稀有な状態が生み出される。その状態を「アッサンブラージュ」と呼ぶ。

今回は、ガムランのメディエーション機能が二つのベクトルから発揮された。一つは、楽器自身が人のつながりを生み出すアクターとなったこと。もう一つは、それを奏でる音、つまりそこから生まれた音楽が、アクターとなったことである。

一つめのベクトルから見よう。これはまず、高知にガムラン楽器があった、ということから始まった。当初は、単に交流事業の一環として、活用に関しては具体的なプランがないまま、楽器は高知へと贈られた、と言える。結果、なかなか存在意義を見出されることなく、長らく日の目を見ることがなかった。が、高知にガムランがあったことで、楽器自身が重要なアクターの一つとなり、様々な人との繋がりや機会を生み出すことになった。

楽器の存在が私を含め、松本氏、鍋島先生、増田氏など、多くの方の関心を呼び、その眠りからいかにして目覚めさせられるか、と働きかけることになり、発表会へと導いた。そして、ガムランが存在する限り、これからも、修理のために力を貸してくれる地元の大工さん、楽器に掛けるカバーを作成してくれる家庭科の先生、楽器の存在に触れてみたいと問い合わせてくる地元の方々など、さらに様々な人の繋がりを生んでいくだろう。それらはまさにガムランの存在が持つメディエーション機能の効果である。

二つめは、楽器が奏でた音そのものが、人と人、高知とスラバヤ、高知に住むインドネシア人コミュニティ、さらには子どもたちと彼らの未来など、多くのものをつなぐ力を発揮したことである。当日の様子を改めて思い起こしてみたい。ガムランの豊かな響きは、まずは何より演奏している子どもたちの心を一体にしてくれた。ガムラン音楽の特性も相まって、互いに敏感に聞き合いながら次の流れを選び取っていくことで、より奏者同士の一体感が強まっていく。また、演奏会までに積み重ねた練習時間、自分たちで作り上げた歌詞などがより思い入れを深めてくれた。

さらに発表会での演奏は、それを聞いたその場にいた多くの聴衆の心も繋いでくれた。前日に一緒に踊ってくれたダンサーの存在や、テレビカメラ、さらにはオンラインで繋がったスラバヤの方々など、この瞬間を共有した全ての人の心を一体にした。その一体となったエネルギーが音の響きに乗り、それは体育館全体だけでなく、建物をも飛び出し、周りに広がる高知の豊かな海や山々をも共鳴させ、遠くスラバヤの地まで届くほどの力を持った。まさに理想的な、アッサンブラージュ創出の瞬間だった。その瞬間、その場に居合わせた全ての人々や空間、そこに流れる空気、そして私自身も、音楽という現象そのものになったのかもしれない。

人知を超えた音楽の力

ここまでガムランが生み出したメディエーション機能と、そこから生まれたアッサンブラージュの話をしてきたが、ここで改めて私自身の問いに戻ってみよう。最初に提示した「音楽の人知を超えた力とは何なのか?」それは私が生涯をかけて取り組んでいる壮大なテーマだが、もちろんまだ簡単に言語化できる段階ではなく、それが言語化できないからこそ、私自身は「音」という言葉ではないメディアでそれを表現しようとしているのかもしれない。しかし、この経験からその人知を超えた力を引き出すための方法論が、少し見えてきた。

今回気づいたのは、私が音楽を通して目指しているのは、自分自身がその「メディエーション」そのものになるということだ。そのために必要なのは何か? 私は私自身が「空《くう》」であることではないかと思う。例えば、今回のようにその場に存在する様々な要素を結びつけていく=アッサンブラージュを創出していくために最も重要なことは、自分自身がいろいろなものを受け入れられる、「空」の状態であるということだ。もし自身の既成概念に固執し、間口が狭い状態であるならば、「意図せず存在するがプラスに生かせる要素」を取り入れることは難しくなってしまう。そうすると今回のような、「偶然存在するさまざまな要素が不意に結びつき、自身の想定以上の結果が生み出される」、というような現象は起こり得ないだろう。

自分自身がいろいろなものを受け入れられる開いた感性を持ち、「空」の状態にあれば、可能性は無限に繋がり、その縁は豊かに広がっていく。付言すると、「空」とは「自分がない」というネガティブな状態のことではない。自分という器はしっかりと揺るぎないものを持ち、しかし中身を常に空っぽの状態にしておく、という意味だ。余白があれば様々な要素はいつでも入り込むことができるが、その器がしっかり確立していれば、そこに入り込んでくる全ての要素は、必ず自分らしい形に変換され、美しいハーモニーを奏でるはずだ。その「空」の精神を、自身の重要な方法論として、これからも多くの出会いを生かし、自身の表現につなげていくような創作活動に精進していきたい。

〈参考URL〉

高知県立美術館　https://moak.jp/event/performing_arts/outreach_gamelan.html

〈本プロジェクトの関連動画〉

①

②

〈第九章〉

媒介、愛着、継承

ソロモン諸島アレアレにおける在来楽器アウをめぐって

佐本英規

出会い

南太平洋の島嶼国ソロモン諸島の首都ホニアラで、同諸島のマライタ島南部アレアレ地域の在来楽器であるアウ[1]――大小の竹筒を筏状に並べて結束し、各筒の開口部に息を吹き込んで吹奏、または開口部にヘラ状の撥を打ち付けて打奏する、いわば在地の竹製パンパイプ――の名手

1　アウという語はアレアレ語で竹を意味すると同時に、アレアレで用いられる竹製の楽器や、ここでいうところの竹製パンパイプ、ひいてはそれらによって演奏される音楽の総称でもある（Zemp 1978）。アウの演奏の映像や音源の参考動画は章末ＱＲへ。

Mとわたしが二度目に会ったのは、2010年の9月のことだった。前年に短期の予備調査を終えて一時帰国した後、再びソロモン諸島に舞い戻ったわたしは、当時、政府の調査許可と長期の居留ビザを取得する手続きを進めながら、本格的なフィールドワークをおこなうための滞在先

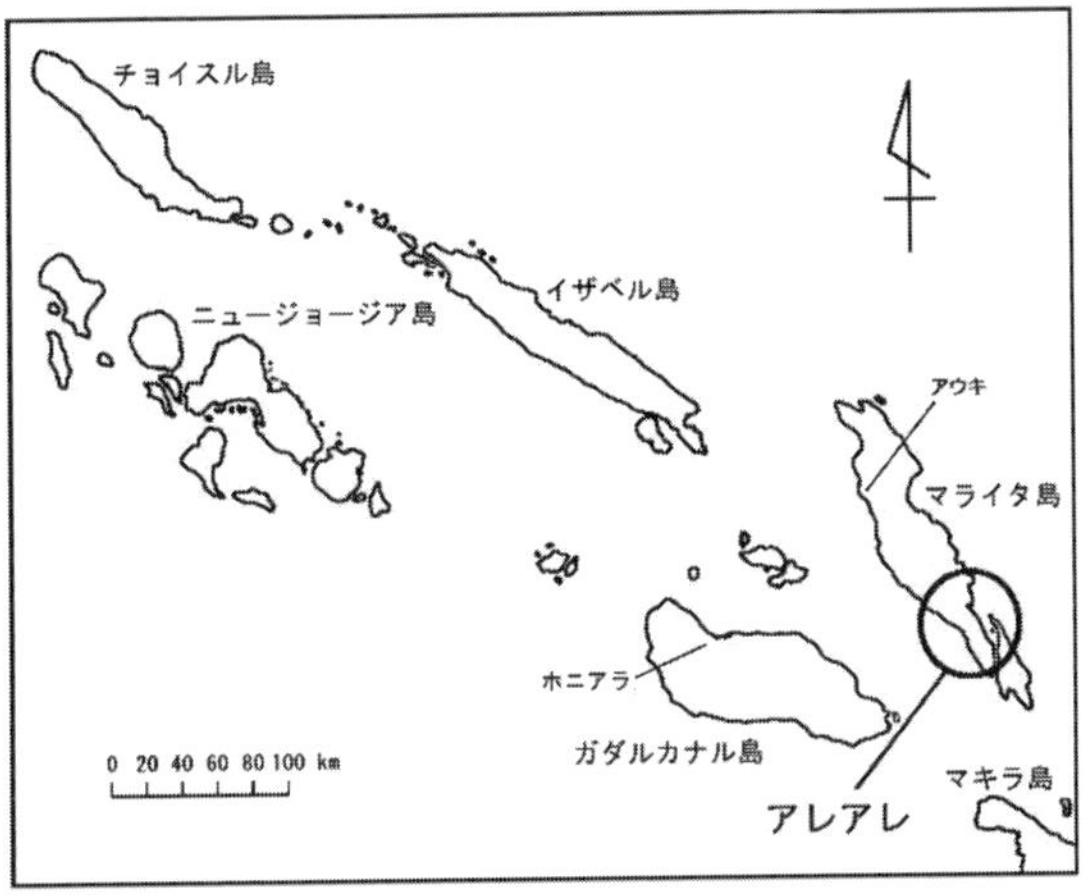

を探していた。Mは、調査についての相談と情報収集のためにわたしがその頃よく訪れていたホニアラ在住アレアレ出身者の家に一時的に逗留していて、それなら自分のいるO村に来るといい、とわたしを誘ったのである。翌月、わたしはMと共に、週一便しかないマライタ島南部行きの定期船に乗ってアレアレのO村へと向かった。

Mとわたしの最初の出会いは、その前年に遡る。予備調査のために初めてソロモン諸島を訪れていたわたしは、上述のホニアラ在住アレアレ出身者の知遇と協力を得て、彼が生まれ育ったアレアレのH村の、彼の老いた母が姪と二人で暮らす家に居候していた。その家は、マライタ島南部西岸の南北に延びるアレア

レラグーン本島側沿岸のほぼ南端に位置するＨ村の、海に臨む高台にあって、ラグーンに浮かぶ小島Ｕ島の内海に面した海辺に点在する家々からなるＵ村と、穏やかな海を挟んで向かい合っていた。２００９年９月、そのＵ村で催された同村の診療所開設を祝うセレモニーに、ＭはＯ村を拠点とするアウの楽団ポイアラトと共に、パフォーマーとして招かれていたのだった。

Ｕ村の外れにあるココヤシに囲まれた海辺の広場には、板壁を緑色に塗られた、簡素だが真新しい診療所の小屋が建っていて、Ｕ村やＨ村を含む近隣の村々から集まった地元の人びとが、その周りに腰を下ろし、あるいは立ったまま、セレモニーの様子を見守っていた。

Ｍとポイアラトの男たちがアウのパフォーマンスを披露したのは、セレモニーも終盤に差し掛かった頃である。広場のほぼ中央に陣取り、細い竹筒を筏状に束ねたアウを手にした8人の男たちが、軽いステップを踏みながら竹筒に息を吹き込み、柔らかだが遠くまでよく通る、どこか口笛に似た音を幾重にも重ね、連ねていた。その後方では5人の男たちが、太く大きな竹筒をやはり筏状に連ねた低音の吹奏楽器と打楽器を地面に据えて、一方では太く柔らかな低音を吹き鳴らし、また一方では小気味のよいリズムを打ち鳴らしていた。そして、それらの一団の前方に立ち、マイクを手にアレアレ語の歌を歌うボーカルの男の隣で、ひときわ多くの竹筒を連ねた横長のアウを携え、楽団全体をリードして演奏する男、頭髪が薄く小柄でずんぐりとした体格のその男を指し、あいつはこのあたりで有名なアウの名手なのだと、居合わせたＨ村の男がわたしに

アレアレ地域の在来楽器アウ

耳打ちしたその吹き手が、翌年わたしがホニアラで再会することになるMだったのである。

この出会いは、わたしにとってもMにとっても、全くの偶然だったわけではない。アレアレのアウは、著名な民族音楽学者ヒューゴー・ゼンプが1970年代に著した画期的な研究と優れた記録音源・映像によって、実は世界的に——西洋を中心とする民族音楽に関する学術の世界と世界音楽のグローバルな市場において——よく知られている。ゼンプの業績を一面において継承した音楽人類学者スティーブン・フェルドの1980年代の著作を通してアレアレのアウを知り、予備調査に先立ってゼンプの研究や音源・映像に触れていたわたしは、ある意味で、Mのような人物との出会いへの期待を胸にソロモン諸島を訪れたのだった。他方、

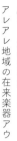

Mには M の期待があった。１９９０年代の初頭に観光ショーなどのステージでアウ合奏のパフォーマンスをおこなうことを目的としてポイアラトを結成した M は、ホニアラでの活動を経て、２０００年代には様々な巡り合わせでオーストラリアやイギリスの音楽プロデューサーとも接触を持つようになり、当時、ポイアラトの活動の場を海外に広げようとしていた。これは後に聞いたことだが、突然アレアレを訪れアウに強い関心を示した日本の学生（わたし）も、いつか新しい好機を彼らにもたらすかもしれないと、そのとき M は期待していたのだった。

接近

M との出会いと再会をきっかけとして、O 村での生活とフィールドワークを始めたわたしはしかし、しばし途方にくれることになった。わたしは当初、アウの名手として近隣で知られる M が暮らし、彼の率いる楽団ポイアラトが拠点とする O 村に赴くことで、日常的にアウについて知り、学び、知識を得、技術を身に着ける参与観察による調査を日々おこなうことができると期待していた。しかし、わたしの期待は、今になって思い返せば当然のことだが、見事に裏切られることになる。M やポイアラトの男たちを含めた O 村の人は、日々をアウ中心に生きているわけではなかったのである。

古くは婚姻や葬送の儀礼に際して、近年ではキリスト教の祭礼や地域のイベントで演奏されるアレアレのアウは、村での日常の生活の中心にあるわけではない。O村に暮らす誰もがアウを演奏し熱心に聞くわけではないし、例えアウに熱心だったとしてもいつもそうしているわけではない。O村に暮らすMを含むポイアラトの男たちも、アウの演奏やポイアラトの活動によって日々の糧を得ているわけではないのである。

O村の人の日常は、日々の糧を得るために畑仕事や魚釣りをしたり、料理をしたり、家を修繕したり、誰かの結婚のための相談をしたり、誰かの病気の心配をしたりといったことに費やされていて、在来楽器であるアウはO村での人の生活のほとんどの場面で主役とはならない。O村でアウについての調査を存分におこなうことができるはずだと、O村の人――Mやポイアラトの男たちを筆頭に――が雄弁にアウについて語るはずだと、アウの存在がなんらかのかたちでアレアレの「社会」や「文化」を反映し、アレアレの人のアイデンティティや政治的葛藤のようなものを映し出すに違いないと、そのような期待をわたしは抱いていたのだが、そうした期待は当然ながら裏切られたのである。

他方、アウが非日常の特別なものとしてO村の人の生活から切り離されているかというと、そういうわけでもない。Mやポイアラトの吹き手たちの家では、たいていは炊事小屋のかまど

や炉の上などすぐに手の届くところにアウが置かれている。アウの修繕に必要な乾燥した竹筒を袋に詰めて家の隅に常備している吹き手もいる。Mやポイアラトの男たちは、思い出したようにアウを持ち出して音を鳴らしてみたり竹筒を削りなおしてアウを修繕したりする。彼らの子どものうち年嵩の少年が、家に置かれた手近なアウを使って、幼い弟妹の子守りのために音を鳴らしてみせることもある。

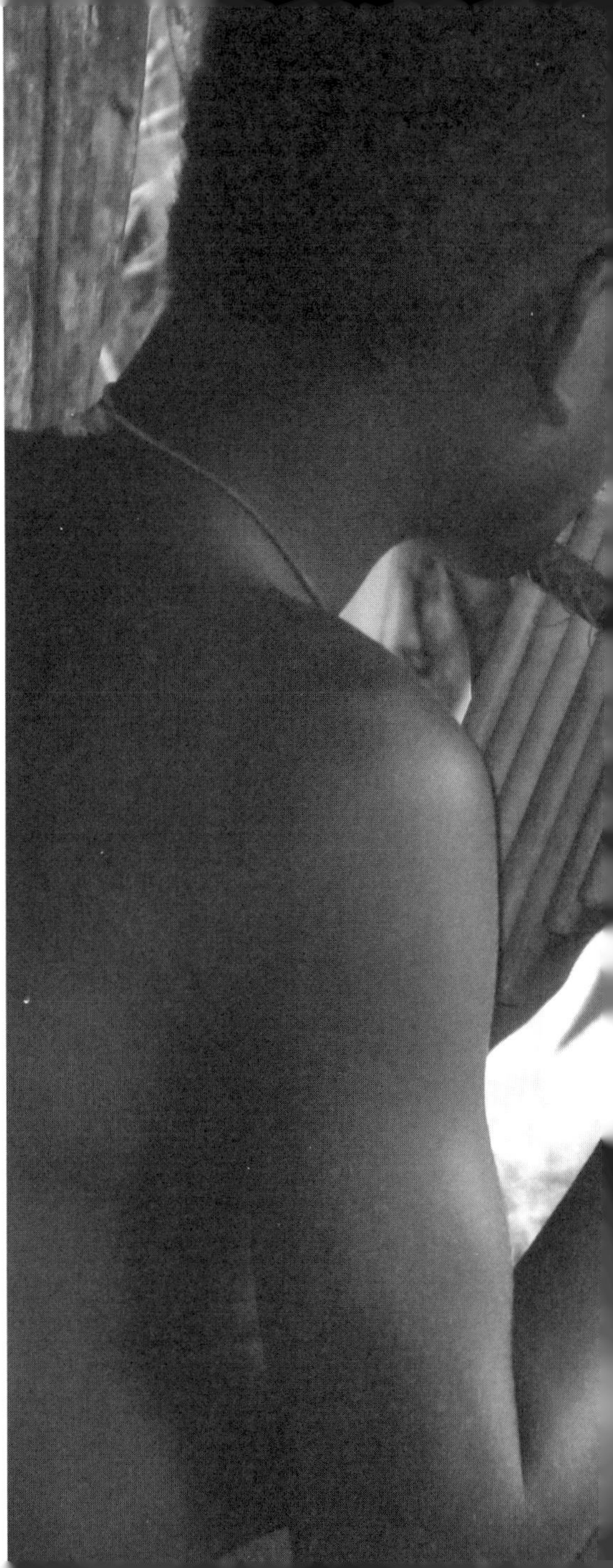

キリスト教の祭礼や地域のイベント、首都や海外でのステージなどといった演奏依頼が届くと、Mとポイアラトの男たちは、家事や子守りや畑仕事が終わった夜に三々五々集まり、毎夜毎夜練習をするようになる。そうしたときは、日々の生活の中で脇に置かれ後景に退いていたアウの存在が、じわじわと前景化してくる。

このような事情と、人の生活のぐるりを自分の身心を使って捉えることを旨とする人類学的な調査法、フィールドの人が関心を持っているものに自分自身も関心を寄せるというフィールドワークの鉄則に従った結果、わたしはO村でのフィールドワークの多くの時間を、少なくとも当初はアウと直接関係のないように思われた、様々な生活の側面の調査に費やすことになった。こうしたなりゆきは結果的にわたしに、アレアレのアウが、音楽の背後にある美学や文化体系、社会構造、世界観などに還元することによっては、あるいは現代の政治や世界情勢、担い手のアイデンティティの反映とみなすことによっては、十分に理解できないものであると気づかせることになった。それでは、アウをO村の人の生活の中にどのように位置づけるか、その独特の存在をどのように捉えられるだろうかと、わたしは迷いながらO村での人の生活の調査を継続していった。

媒介と共鳴器

フィールドワークの途上、一つの見通しとしてわたしは、アウを音楽のための——美に奉仕するための——ものというよりも、生活の中で作られ、用いられ、効果を期待されるある種の道具のようなものとして、ただし、アレアレのO村に特有の状況に埋め込まれたものとして捉え、説明するという方針を見出すにいたった。それは、生活から切り離されておらず、その一部であり、ありふれたものであり、しかし生活の反映ではなく、それを構成するものなのである。そのように考えるにいたったいくつかのきっかけのひとつは、Mの長兄Aがわたしに、O村のアウは、畑で豊かな収穫を得、海でたくさんの釣果を得、飼っている豚をよく肥え太らせて富を得るように、聴き手を魅了して富を得る、彼らのわざなのだと話したことだった（佐本 2017）。

このように捉えられるアレアレのアウのあり方は、音楽美学や文化体系であれ、あるいは身体論やアイデンティティ論であれ、なにか特定の概念や枠組み、「こちらがわ」の手持ちの概念や理論に還元することはできないようにわたしには思われる。アントワーヌ・エニョンが論じている「媒介の理論としての音楽」という考え方が、そうした還元を避けようとする上で参考になる(Hennion 2015: 3-6)。

エニョンは、音楽をめぐる媒介について、次のように述べる。

それは客体の幻想を暴くような暴露の行為ではない。媒介とは、出現するもの、形づくられ構成されるもの、因果関係を示すモノと意図を持った人との相互作用に還元できないものへと向き直ることである。ネットワークは、主体を排除し、希釈し、批判し、喪失させるための暗い淀みではない。それどころか、(中略)自然の決定と人間の意志の間の解決不可能な対立からわたしたちを解放する、開かれた場なのである。「媒介」は、世界の成り行きを分析の中心に戻すことを可能にする。(Gomart & Hennion 1999: 26)

わたしたちが日ごろ音楽と呼びならわす事物には、例えば絵画や彫刻がそうであるように、欠くべからざる確固とした物質的な中心があるわけではない。音楽は、あるときは物理的音響という意味で物質的実在として取りあつかわれ、またあるときには、観念上の音楽作品として物象化される。あるいは、記述された線や印刷物、電気的な信号や電子記録メディアといった物質性においては現前するものとして、音楽が取りあつかわれる場合もある。確固たる物質的中心を認めがたい一方、音楽をめぐる経験は、モノとの何らかの関わりによって可能になり、介在するモノのあり様によって異なる様相を示すような出来事として理解されてもいる。その意味で、音楽はモノと不可分な事柄として想定されている。わたしたちが日ごろ音楽として思いなしているものは、音や作品、楽譜や記録メディア、楽器や音響機器といった、周辺的事物の集合によって構成される出来事の経験である。

アウもまた、O村の人の生活の様々な局面と連続的であり、それらの要素のいわば集合――アッサンブラージュ――として存在している。例えばアレアレの人びとにとってアウを作り用いることは、農や漁といった日々の生業活動、交換や贈与といった生きていくうえでの経済活動、道具を作り用いる生活上の技術的活動と地続きの営為である。アウをよくする人は、作物を収穫し豚を肥らせ釣果を得るように、アウを吹き聴き手を魅了して富を得る。アレアレでは、アウの演奏に価値があるから現金や貝貨などが「支払われる」のではなくて、現金や貝貨を「放り出させる」効果を持っていることにアウの価値があるともされる。そうしたアウの効果は、あらかじめ約束されているわけではない。アウの演奏への支払いは、あらかじめ約束されない強運の結果として期待されるものであって、強運の容れ物としてアウを作り演奏することは、ある種の「賭け」のようなものなのである。[2]

2　アウをめぐる人々の活動の中心には、そうした道具としてアウを作ることがある。アウを作るということは、終わることのない営為である。アウが強運の容れ物、聴き手を魅了する道具として効果を発揮するためには、常に調整と修理をし続けること、完成することのない制作を続けること、それによってアウの同一性と個別性を保持し続ける必要がある（Samoto 2017）。

ピエール・ルモニエは、生活の中にある一見「ありふれたもの（mundane objects）」であるにも関わらず、製作者や使用者の思考や実践の中心に位置するようなモノに焦点をあて、そのような「特殊だがほとんど日常的（extraordinary-yet-almost-mundane）」なモノの製作や使用が、日常生活に通底する重要な社会関係や価値を、パフォーマティブで非言語的な形で具現化するのは如何にしてか――あるいは、モノが「共鳴器（resonator）」として働くのは如何にしてか――という問いを提起している。ルモニエの意図は、近年のモノをめぐる人類学において強迫的な観念となっている「モノのエージェンシー」というブラックボックスを、モノが社会関係に参与する具体的なプロセス――モノの物質的な性質と行為者の技術的実践を介した――を記述することによって詳らかにすることにある。

様々な事物の集合として現れ、時に取るに足らない余暇の経験として生活の片隅に追いやられる一方で、時に周囲の人びとを強くひきつけ社会をも動かすかもしれない音楽もまた、ルモニエのいう「特殊だがほとんど日常的」であり「共鳴器」である。また、わたしが調査をおこなってきたアレアレにおいて用いられるアウもまた、「特別だがほとんど日常的」なモノであろう。アレアレの人びとにとってそれは、特定の条件において聴き手を魅了し演奏者に富をもたらす特別な道具であり、祖先の隠れた存在の物質的かつ音響的な具現化として捉えられる特別なモノである一方、土地や貝貨ほど一般的かつ安定的に特別なモノとして扱われているわけではない。アレアレの楽器が、ルモニエの言う「共鳴器」のようなものであるならば、それがアレアレの人びとの社会生活において特別なモノとして働くのはどのようにしてだろうか。

愛着

O村に暮らし生活を共にするなかでわたしは、アウの名手Mが、アウに関連してふたつの事物に強いこだわりをみせることに気づいた。Mが偏執的なこだわりをみせるひとつめの事物は、彼が亡き父から父祖伝来の力能を受け継いだと主張するアウそのものである。近隣ではアウの名手として知られているが、家族の畑仕事を厭い、家屋の修繕も子供の世話も面倒臭がり、妻に小言をいわれながらアウをめぐる活動にかまけてばかりいるMは、アウの演奏が比較的盛んなO村においても例外的な変わり者であり、いわば偏執的な愛好者である。

Mの父方クランに連なる祖先のひとりは、アウの伝説的な作り手で吹き手だったとされている。彼自身、実際に卓抜した演奏の技術と創意を持ち、聴き手を魅了する吹き手として知られており、その力能を、父を介して祖先から受け継いだものだと主張する。Mがそうしたモノとしてアウを用い演奏することを、前述の音楽をめぐる媒介の観点から捉えるならば、聞き手を魅了するアウの力の源流を父と父方の祖先に求めるところに、Ｍ自身による「媒介の理論」がある。

Ｍがこだわりをみせるもうひとつの事物は、彼が亡き母とともに遭遇したと主張する、森の中を彷徨する老婆の霊の泣き歌である。Ｍの母方クランに連なる老婆アロナアウの霊は、森の中をひとり彷徨しており、子孫の誰かが死を迎えるときにひとり森の中で泣き、その泣き声によって家族の死を係累に伝えるのだとされる。Ｍは子どものころ、母からアロナアウのことを教わり、また、母とともに森の中を歩いていたときにアロナアウの泣き声を聞いたのだと話す。Ｍは、そのときのアロナアウの泣き声をアウで模倣して彼自身が作ったと主張する「アロナアウの泣き歌」を、アウを演奏する際の重要なレパートリーとしている。特徴的な下降音型をもつ「アロナアウの泣き歌」は、Ｍが主催するポイアラトのレパートリーとしても近隣で知られている。

Ｍ自身による「媒介の理論」は、無味乾燥なつながりや計算づくのロジックではない。アレアレの村に暮らしているという状況があったとしても、Ｍがアウの演奏にかまけなければならない必然性などどこにもないようにも思われるにもかかわらず、Ｍはアウの吹き手であることにこだわり「アロナアウの泣き歌」を繰り返し演奏する。そうしたＭ自身の不可解な「情熱」を、どのように理解することができるのだろうか。Ｍが、父や父方の祖先とアウとのつながりを吹聴し、母や母方の祖先と彼のレパートリーとを結びつけ強調することを、彼自身による「媒介の理論」を正当化するための方便としてではない仕方で受け止めるためには、どのように考えたらよいだろうか。

O村を訪れ、アウのことを教えてほしいと頼むわたしを、Mが最初に連れて行った先は、その前年に亡くなったMの父の墓だった。「アロナアウの泣き歌」についてたずねるわたしに、亡き母と森を歩いていた際のアロナアウとの遭遇について語るMは、そのとき母と同じ名前を付けられた娘の子守りをしていた。Mのアウと泣き歌への「情熱」を支えているものは、慕《した》わしさをかきたてる亡き者との間の分離であり、煩わしさをともなう亡き者へとの間の愛着であるように思われる。

アレアレの村落生活において死はそれほど重大な別離ではないように見えなくもない。いまを生きる人びとにとって、死者は身近に存在し続けてもいるからである。山道に物故した祖父の頭骨が安置されていて、道行く我々を見つめている。畑への道すがら父を葬った墓に声をかけながら横切っていく。住居を見下ろす高台に若くして事故死した息子の頭骨を収めた木箱をつるして日々彼を身近に感じる。死者もまたともにあるのであり、ひいては死者こそアレアレの人びとを取り巻くあらゆる関係性を取り結ぶ仲介者であるかのようでもある。しかし、死が重大な別離ではないというのは錯覚である。人びとはそのような死者の存在感が、死没したその人物そのものではないことも確かに知っている。それは死者の霊であり死者の面影にすぎない。死別は永遠の別離であり、人びとは永遠の別離を越える不可能な媒介を試みているのである。

アロナアウは、子孫が死を迎えるとき、寂しさのあまり森でひとり泣き、その泣き声が森から聞こえてくる。森のなかをさ迷う死者で、老婆の姿をした祖霊であるアロナアウの存在が具現化するのは、森から聞こえてくる老婆の泣き声や、Mが、幼いころに森で聞いたアロナアウの泣き声を「写した」という下降音型に特徴のあるアウの演奏においてである。アウの演奏は、人をとりまく様々な事物や事象を「写す」。ココナツの胚乳を削る動作、カヌーの櫂を漕ぐ動き、老人のすすり泣き、そして、森の中でひとり咽ぶアロナアウの泣き声。しかし、アウで演奏される「アロナアウの泣き歌」はアロナアウの存在自体ではもちろんない。アウの演奏はアロナアウを完全には捕捉しない。ここでもまた不可能な媒介が試みられている。

あるポイアラトの吹き手の男がわたしに、「アロナアウの泣き歌」を演奏すると、不意に音が大きくなり強い音がでることがあるのだと話してくれた。そうしたときはアロナアウが楽器に息を吹き込んでいるのだという。生きているMやその男だけでなくアロナアウもまた、アウを演奏する人びとのコントロールが効かないところで、生きている人に愛着を抱き、生きている人の世界に執着している。

継承

村に滞在し、アウの制作や演奏、練習に頻繁に立ち会うようになったわたしは、徐々にアウについて習熟していった。アレアレ語では、こうして何かを身に着けることを、「学ぶ（*sasani*）」という。例えば、学校は「学びの家（*nima sasani*）」であり、生徒は「学ぶ子（*mera sasani*）」と呼ばれる。わたしがアレアレの村に滞在して行っていたことについては、「アレアレの生活とものごとのやり方を学んでいる（*ka sasani mauriha na totoraha ni 'Are'are*）」と言われていた。ただし、学校で学ぶ、話を聞く、書き留める、記憶する、といった事柄が「学ぶ」と表現される一方で、「知る／できる（*raia*）」といったことについては異なる言葉が区別して用いられる。例えば、アレアレでわたしは、「佐本は学び終えたら何をするのか？」としばしば問われ、研究者としての生き方を言い表すために「ずっと学び続ける人になる」と答えていたが、そうした返答は聞き手に奇妙な印象を与え、怪訝な顔をされることが常であった。アレアレの人びとにとって、「学び」は「知ってしまっている（*e raia no'o*）」状態になり能力を得ると終わるものである。

他方、「知る／できる」については、例えば次のように述べられる。わたしがアレアレのアウの演奏を曲がりなりにも身に着けたことについて、「アウを吹くことをすでによく知っている／

よくできる（*e raia uhi'auha siani no'o*）」、「おまえはすでによく学んだ、しかしおまえはアウを吹くことをよく知る／できるようにはならない、なぜなら血がおまえと共にないからだ（*o sasani sinia no'o, tae o su'u raia uhi'auha siani, to'o na huta e mai oni amu*）」などと述べたりする。また、アウの演奏に加わらないアレアレの男性の中には、「わたしはアウを吹くことをもちろん知っている／できる、というのも血がわたしと共にあるからだ、しかしわたしは学びたくないので、わたしはアウを吹くことはない（*no raia uhi'auha mora, to'ona huta e oni aku, tae no mai raeku hana sasani hae, no su'u uhi'au mora*）」といったことを説明してくれたものもいた。ここでは、「学ぶ」ことと「知る／できる」こととが、かならずしも結びついていない。

また、祖先から「もらい受ける（*watea mai*）」ことのできる無形の事物として、「血（*huta*）」と呼ばれる系譜的関係や「強運（*marutana*）」と呼ばれる富を得る能力がアレアレの人びとにとっては重要な意義を持っている。それらは、わたしが調査を行ったアレアレの村においてはアウをめぐるものであった（cf. 佐本 2017; Samoto 2017）。アレアレにおける「人生（*mauriha ni inoni*）」は、「もらい受け」、「学び」、「知る／できる」ようになるプロセスであり、「アウを吹くことを知る／できる人（*mane e raia uhi'auha*）」の人生もまた、有形無形の事物を「もらい受け」、「学び」、「知る／できる」ようになる過程なのである。

アレアレのアウをめぐる「知る／できる」や「もらい受ける」を通して、何を考えることができるだろうか。「継承（succession）」の概念は、世代を越えて地位や称号、威信といった無形の事物が受け継がれることであり、土地や財貨、家屋敷といった有形の事物の「相続（inheritance）」や、制度化され、匿名化された「教育」とは区別されうる。「文化の継承」や「伝統の継承」といった概念はその拡張的な用法である。世代をこえて「継承」される無形の事物のラインナップに音楽を据えることはできるだろう。アレアレのアウをめぐって継承されているものがあるとすれば、それは有形の事物であるアウ自体だけではない。そこでは、アウをめぐる様々な知識や技能、関係、力が、いわば集合としてのアウの全体が、「もらい受け」られたり、「知る／できる」ようになるプロセスにおいて継承されている。

別離

わたしは、わたし自身がアウについて「知る／できる」ようになった経緯を振り返り考えることを通して、Mが亡き父母とアウと泣き歌に対して示す深い愛着が、あるいはMがアウの力の源泉を亡き父母に認める彼自身の「媒介の理論」が、彼自身がアウについて「学び」、「知る／できる」ようになってきた経緯、集合としてのアウ全体を継承してきたプロセスと不可分なものであることについて実感を伴って了解することができる。

O村におけるMらの次世代の吹き手たち、Mの息子たちは、いままさにそのようにして、そのような意味でアウを継承しつつある。彼らはいつか、Mが父母と死別したように、Mとの別離を迎えるだろう。わたし自身にしてもそうである。わたしがO村に滞在し始めた頃、よくアウを教えてくれた隣村のある初老の男性も、わたしがO村の男たちと一緒にアウを練習する様子をケラケラとわらいながら面白がって眺めていたO村のある老女も、もう生きていない。

いま日本のわたしの手元には、Mがわたしに作ってくれたアウや親しくしていた別のアレアレの友人が作ってくれたアウがある。わたしは、夜の大学の研究室で、ふとしたときにそれらの吹き口に口を当てて音を鳴らしてみることがある。不思議なことに、わたしはそれらのアウを使い、日本のだれかにアウを教えて、日本で合奏をしたいとはどうしても思えないでいる。きっとそれらのアウが、わたしにとってMや友人やO村の人びとと分かちがたく結びついてしまっているからだろう。ちょうどMにとってのアウと父母との関係のように。

わたしはいつか、Mや友人が作ってくれたアウを携えてアレアレのO村に戻り、彼らから「学び」、「知る／できる」ようになったアウを、同じように集合としてのアウ全体を継承した彼らの子どもたちと一緒に演奏するかもしれない。あるいは、わたし自身がMたちとの永遠の別離を迎えたとき、彼らとともに彼らの作ったアウを埋葬するために、そのアウを携えてアレアレを訪れるかもしれない。昔あるアウの名手が、死に際して彼が作り愛用したアウとともに埋葬されたという話を聞いたことがあるからである。

参考文献

Gomart, E. & A. Hennion 1999 A Sociology of Attachment: Music Amateurs, Drug Users. In J. Law & J. Hassard (eds) Actor Network Theory and After, pp. 220-217. Blackwell Publishing.

Hennion, A. 2015 The Passion for Music: A Sociology of Mediation. Routledge.

Lemonnier, P. 2012 Mundane Objects: Materiality and Non-verbal Communication. London: Routledge.

Samoto, H. 2017 Unstable Pitch in the Rainforest and the Mimesis of Music: The Articulation of Audio Technology and Musical Techniques in the Bamboo Panpipes of 'Are'are, Solomon Islands. Shima: The International Journal of

Research into Island Cultures 11(2): 151-167.
佐本英規 2017「竹製パンパイプと強運：ソロモン諸島マライタ島南部アレアレにおける富と開発への期待」『文化人類学研究』18: 135-158。
Zemp, H. 1978 'Are'Are Classification of Musical Types and Instruments. Ethnomusicology 22(1): 37–67.

〈アウの映像や音源の参考動画〉

〈補論〉

仮想空間で音楽になること

小西公大

オンラインミーティング・ツールで音楽する

パソコンの画面は真っ黒。コロナ禍においてすごい普及力をみせた、オンライン会議ツールであるzoomのルームが映し出されている。14名の参加者が、名前が伏せられたまま、ことの次第を見守る。それぞれマイクはオンになっているので、微かな息遣いがスピーカーから漏れ出す。

作曲家の宮内康乃が画面に現れ、簡単なワークショップの説明をしたのちに、それぞれの呼吸音や声の単音を重ねてハーモニクスを生み出す「倍音声明」を開始する。参加者は暗い画面に向かって、呼吸音を吹きかけたり、伸びやかに声を発したりしている（はずだ）。声は宮内が鳴らす鈴（チベタン・ベル）の音をきっかけに、「ん↓う↓お↓あ↓ん」の発音を意識しながら少しずつ切り替わっていく。しかし、同じ空間を共有しているわけではないので、それぞれの発する声が重なり合ったり、ユニゾンに独特のバイブレーションや倍音が生まれたりはしない。画面上は、誰の声を拾っているのか、各画面の枠を光らせる機能が、右往左往している。各々が発する音の「伸び（サスティーン）」が分断され、ブツブツと途切れて耳触りが良くない。

これ、同時に2名までしか音を拾ってませんね？

誰かが言う。同時発話数が2名までに限定されている設定なようだ。別の参加者が、zoomの設定から「オリジナルサウンド」機能や「エコーキャンセリング」機能を外すことを提案する。すると、かなり様々な環境音がスピーカーから漏れ出すようになったが、声を重ねた時に少し音に厚みが生まれる。会議ツールの単指向性が少しだけクリアされ、重層的な声の再現ができるようになってきた。音の強弱が強すぎて途中で切れてしまっていたベルの余韻音も、再生されるようになった。試しに鳴らした鈴の響きを聞きながら、画面に表示される無名の参加者たちから「おお〜！」と声が漏れる。発見の連続だ。

今度は、画面に表示された順番表に基づいて、時計回りに各参加者が手を叩いていくワークが始まる。本来は参加者たちが自身のタイミングで手を鳴らし、その連鎖によって個別のリズム

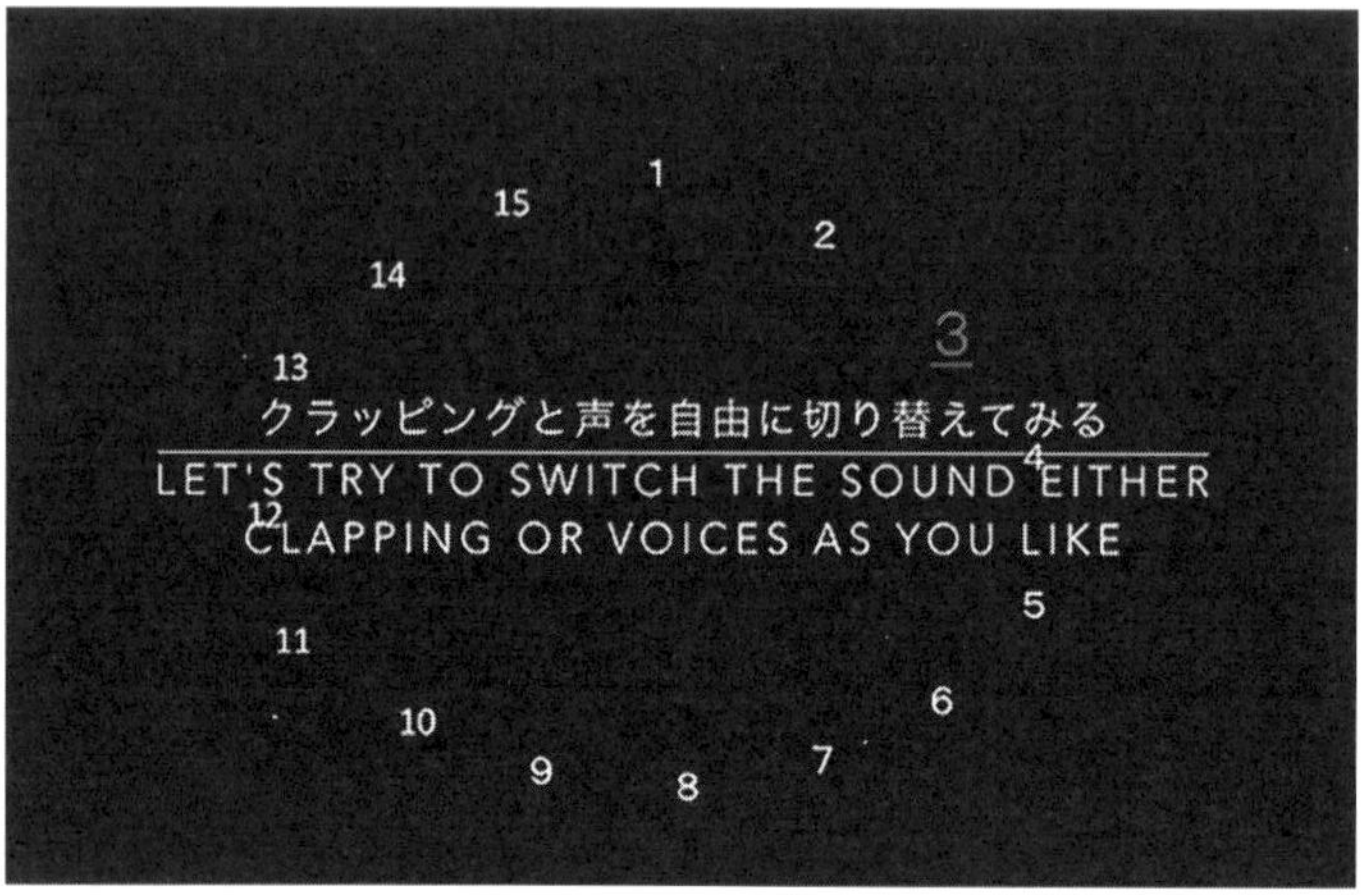

が重なっていく音の輪が構成されるワークだ。ここでは同じ空間を共有していないので、便宜的に参加者たちに割り振られた番号が画面上に点滅すると、それぞれが画面に向かって手を叩くスタイルに変更されている。表示された光と、手を叩いた時に発するサウンドとがうまくかみ合わない。それは、各人の考えたタイミングでなされるものなのか、デジタル機器上のディレイがもたらした、他律的なタイミングなのか、誰にもわからない。

参加者のデバイスはそれぞれ異なっていて、ある人はスマホやタブレットから、ある人はPCからアクセスしている。デバイスの内蔵マイクの人もいるし、マイクロフォン機能のついたイヤホンやヘッドホンの人もいる。本格的なコンデンサマイクを接続している人もいる。それぞれが集音方法の違う環境にいるため拾う音質もバラバラだ。パーン！　と鳴り響く人もいれば、バス！　とくぐもった音、パサ…　と微かな音を鳴らす人もいる。その音質の違いが明確にその人の個性を表しているようにも思えてくるから不思議だ。一方で、その音声情報をインターネット回線で届け、その情報をデコードしてスピーカーで鳴らすプロセスにも、差が生まれる。ネット環境も様々だ。そのため、クラップ音の再現に、時間差が如実に現れる。

その後、「あ！」などといった声や、前の人のハミングのようなメロディーを繋いでいく実験へ続いた。それにしても、点滅と発せられる声が合わない。快適なリズムが生まれない。全体を指揮する宮内は、試しに全員で同時に手を叩いてみよう、と提案した。彼女の掛け声で一斉に手を叩く。パンパンパンパンパラパラ……。

同時のタイミングで手を打つことは難しいようだ。噛み合わない音がリバーブをかけたようにバラバラに鳴り響く。後に続く、シュッという音や口笛、動物の鳴き声などがうねりを生み出していく「声の森」のワークでも同様に、他者の音に反応しながら自らの出す音を全体のサウンドスケープに重ねていこうとするのだが、音を使った「対話」につながっていく感覚がなかなか掴めない。

一方で、参加者からは、ヘッドホンで音を確認しているために、普段より臨場感を持って鳴り響く他者の出す音を引き受けられた、という発言が出ている。それぞれの接続空間から漏れ出す、空調の音や時計の音、外部から聞こえる電車の音や救急車のサイレン。こうしたものが、偶発的にマイクを通じて創造しようとする音空間に混ざり込む。それがなんとなく心地よく聞こえる人もいれば、「ノイズ」として鬱陶しいものに感じる人もいる。

空間性は感じられるが、距離感が感じられない、と言う人もいた。おそらくマイクを通じることで反響音が遮断されてしまっているからか、スピーカーを通じて出される音たちが、タイムラグを持つことでバイブレーションを生み出さない構造になっているからだろうか。また、音を「発する」意識よりも、「引き受ける」方に集中してしまったと語る参加者もいた。こうした、これまで感じることができなかった違和感を感じながら、ワークショップは終了した。しかしながら、一様に参加者は「楽しい!」と語る。これほどまでに「音楽的なるもの」から外れた実践に感じてしまうこの「楽しさ」は一体、どこから生まれるのだろうか…。

音楽の差延空間

ワークショップが終わり、それぞれが画面をオンにしてから、ワークショップの感想を言い合う場面で、興味深い指摘があった。それは「ズレていること」「不揃いであること」自体が持つ価値についてであった。

発言者は、普段は障がい者施設等で音楽ワークショップを行なっている実践者であったが、そもそも彼女はその「不揃い」であることを前提とした音作りの世界に生きているからなのかもしれない、と語った。「合わせようと思わなくなった瞬間から、音が心地よくなった」という発言もあった。

本書では、音の重なりあいや多様な空間を構成するアクターたち、音にまつわる機材たちが奏でるハーモニーが、私たちの持つ境界性を失わせる契機となる、そのような側面を「主／客」二元論を超えたアッサンブラージュの可能性として提示してきた。しかし、ここにきてハタと気がつく。同じ物理的な空間を共有することで生まれるハーモニーに過度に着目してしまうことは、これまで開こうとしてきた「音楽」の世界を、再度人間中心主義的な狭い領域に押し込めようとする隘路に引き戻してしまうことになるのではないか。どうしようもなくリズムやメロディーを重ねることのできないヴァーチャル空間で感じた、このなんとも言えない心地よさ、そして常に調和することを拒絶する、同一化することを拒み続けるような差延的空間の持つ豊かさにも、私たちは「音楽する」ことができる可能性を見出すことができるのではないか。そんなことを感じたワークショップであった。

つむぎねメソッド

この（creator's cradle circuit in Tokyo 2021 の一環として行われた）ワークショップは、本書の執筆者の一人でもある作曲家・宮内康乃が、新型コロナウィルスが世界を席巻していた状況の中で実験的に行なったものだ。参加者は皆、対面で同様のワークショップ、つまり宮内が考案した「つむぎねメソッド」と呼ばれる音楽創造の実験過程を体感した経験のあるメンバーたちだ。あえて彼らに声をかけたのは、実際のワークショップとオンラインでの実践との比較を可能とするためだ。

ここで、簡単につむぎねメソッドについて紹介しておこう。宮内は自身を「作曲家」と名乗るが、彼女の音楽活動には楽譜が必要とされていない。声や呼吸など、身体の自然なリズムを生かして音を紡ぎ出す、独自の表現に取り組んできた人物だ。２００８年には、主に声と鍵盤ハーモニカを使用して、空間全体に響きを生み出す、音楽と舞台表現を融合したユニークなパフォーマンスを展開する「つむぎね」と呼ばれる音楽パフォーマンスグループを結成している。鍵盤ハーモニカは単音の揺らぎのみが偶発的に重なり合ってバイブレーションを生み出していくし、グランドピアノを利用したとしても、鍵盤を叩くわけではなく、ピアノをヤスリで擦る「ノイズ」そのものが「音楽」として舞台に響き渡っていく。

つまり、ここではパフォーマーが生み出す雑多なサウンドが、身体と外界の環境を接合させていく媒介物となって、「音楽」の生成空間を作り上げていく、そんな「作品」ということができるだろう。重要なのは、それが作品「4分33秒」を生み出したジョン・ケージのように「無音」によって逆像的に「音楽」を意識化するのではなく、また単純に音のカオス空間を楽しむものではなく、身体性と結びついた「ノイズ」たちが、巧妙で最低限の「仕掛け」を経由することで、無限の組み合わさり方を生み出し、その都度（一回性を持った）「作品」が生成されてしまう、その企てである。最低限の構造をベースに、(行われる時空間や参加者たちの数や特質などによって）無限の広がりを秘めた音楽空間を作り上げることが、宮内にとっての作曲作業ということになるだろう。

「つむぎねメソッド」とは、こうしたパフォーマンスの過程で生まれたさまざまな方法論を、より広く一般の方々と共に実践するために考案されたワークショップの総称である。舞台における高度な身体技法や演奏技法を限りなく簡略化し、誰でも奏でることのできる身体や声、呼吸音などを外界のサウンドスケープに溶け込ませながら音を創造していく、極めて参入しやすい方法論だ。例えば、自身の息継ぎのタイミングや、他者の発するサウンド、外界からのノイズなどに反応しながら、指定された音をコミュニケーションのように繋げていくような手法だ。

そこでは、アーティスト／オーディエンスの境界は失われ、かつ参加者たちの社会的背景を「消失」させていくための仕掛けが練られている。例えば、完全に視覚を失わせる暗闇での実践や、その人物を記号的に表明する衣服を避けて、全員が同一の白装束に着替えて参加する、などの仕掛けである。つまり、相手が誰だかさっぱりわからない、でも声や身体の音、ときには顔だけが頼りとなって、その存在が浮き彫りになっていく、という仕組みだ。参加者のアクセシビリティを徹底化させることと、そこに参加する人々の境界を融解させていくためのこうした仕組みは、国境を超えて彼女の音楽実践活動を北アメリカや東南アジアにも広げていくことを可能にしている。

この試みは、聴覚(時には視覚)を中心とした音楽の世界を、五感という身体的なインターフェースの全てに接続させていくものでもある。宮内は会場選びの際に、光や風、飛び込んでくる虫や木々の匂いなどにも神経を使いながら慎重にワークショップ、つまり音楽の創造空間を選定していく。そこでは、参加者それぞれが「自分」という枠組みをはみ出しやすい、空間への没入感を生み出しやすい場を選定するという、独特な視点で世界が捉えられている。「音楽の場のソムリエ」とでも言えるような、独特の空間把握だ。

リアル／ヴァーチャルの差異のメディエーション

そんな視点を持った宮内が、コロナ状況下で対面のワークショップが不可能となっていた日々に考え出したのが、オンライン会議ツールzoomを使った「つむぎねメソッド」の応用的な実験だ。当時、アーティストが音楽を創造していくための環境整備や、それを配信していくための技術、またリモートでのセッションの可能性や、配信後のマネタイズの方法論など、あらゆるwithコロナ時代の音楽実践の方法がすごいスピードで開発され、旧来の方法論が刷新・改善されていく状況にあった。宮内が最先端の技術に基づいて、オンラインセッションで「リアル」、つまりオフラインと変わらない音楽環境について徹底して追求することはそれほど難しいことではなかったと思う。しかし、このライブセッションに最も向かない、我々の日常にすっかり定着しつつあったミーティングツール＝zoomの使用にあえて彼女がこだわったことに、私は驚きを隠せなかった。本人に尋ねると、「誰もが気軽に使えるものでないと意味がない」「むしろうまくいかないことの方が面白い」などとあっさりした返答が返ってきた。その辺りが、「どうにもならない状況」でも楽しんでしまおうとする、彼女独特のメンタリティを垣間見た思いだった。

実際やってみて彼女は、面白かった、と語る。オフラインでできていたことを、どれだけ忠実にヴァーチャル空間で「再現」できるかにあくせくするより、既存の対面での音楽実践とは全く違う、異質な音楽空間を覗き見たいという気持ちだったという。「リアルの代替ではなく、オンラインならではの表現を探したかった」という彼女の言に、それが集約されている。もちろん、「他者の気配、空気感、音の微細な表現はオンラインでは限界がある」として、彼女自身が「表現したい音楽の本質がそこにこそある」ことは間違いないとしている。つまり、これまでの彼女の音楽実践とは、多少ズレつつも、また別の可能性を開いていくための実験を繰り返していたといえよう。インタビューの最後に、彼女はこのように付け足した。

音のズレ、歪み、途切れなどを生かした表現というのもあってもいいんじゃないかな。オンライン環境にあった面白さを追求することもまた、大切なんだろうと思う。

純粋なる対話空間へ

zoomを用いた「音楽の場」は、彼女が求めてきた、参加者の社会的属性の「消失」、つまり個人の人格を覆うカバーを取り除こうとする仕組みには、うってつけの場であったことも語ってくれた。確かに表示される名前を数字に変え、画面をオフにするだけで、参加者の存在は単純な黒い画面上の枠に変換される。そこにあるのは、「確かに誰かがいる」という不気味な気配のみであり、マイク越しの息遣いだけである。そしてそれは、「非言語的なコミュニケーション」の方法を模索してきた宮内の目的を、それなりに純粋な形で具現化するものでもあっただろう。彼女は常々、コミュニケーションとして、もしくはメッセージの媒体として音楽を捉え直すことを目指したいと語っており、その意味でオンラインの対話ツールにこだわったことも、それほど突拍子もないことではないように思える。ここにきて「音楽」は、和音理論のように構成され固定化された「作品＝モノ」から、無駄なものが削ぎ落とされた場におけるコミュニケーションそのもの（「コト」）へと変貌する可能性が浮上するのだ。つまりオンラインの対話すら、もはや「音楽」になりうるという可能性だ。

このような宮内の思いは、参加者に伝わったのだろうか。参加者の一人のコメントを紹介する。

> オンラインはリアルに代わるものになりうるか」と聞かれたら、いまのところ私はあり得ないと思うんですが、「代わるものになる（なっている、なった）」としたら、それってどんな人間なんだろう、どんな社会なんだろう……ということを考えさせられるワークショップでした。

ここでは、ヴァーチャルに「リアル」を求めるのではなく、また別の可能性が広がっていると考えた宮内と同様の感覚が表現されている。ズレ続け、多様なノイズを意図せずフラットに並置させてしまう、しかし重なり合ったサウンドたちがどうしたって心の琴線に触れてしまうようなこうした差延の音空間は、全き調和を重んじる音楽の世界から、すべてのものを巻き込む不調和の世界へ、そして純粋な世界との対話の空間へと、我々を引きずりこむことになるだろう。仮想空間であるからこそ可能となる、次世代のミュージッキング。それは、サウンドデザイナーであるキム・カスコーンが名づけた「ポスト・デジタル」の音楽世界とも共鳴する。カスコーンは、デジタルオーディオの「失敗＝エラー」が、知覚の境界の拡張へとわれわれを導いてくれる「音楽」の重要なアクターとなりうることを伝えてくれているからだ（カスコーン 2005）。

そこにあるのは本当に音楽なのだろうか。私たちは、それこそが音楽なのではないかと信じながら、まだ見えぬ音と言葉を探し続けるのである。

参考文献

カスコーン、キム、二〇〇五、「失敗の美学：現代のコンピュータ音楽における『ポスト・デジタル』的傾向」（長壁順子訳）『ユリイカ』(Vol. 37-3)、青土社。

〈つむぎねのパフォーマンス及びワークショップの関連動画〉

あとがき

10代だった頃、私は地元の神社の囃子連《はやしれん》に属していた。放課後に神社に通っては、太鼓ばかり叩いていた。年に一度の例大祭や、7年に一度行われる「七年祭」は、囃子連にとって晴れの舞台だ。私たちはサラシに祭り半纏《ばんてん》、足袋《たび》やねじり鉢巻の装いで華やかな屋台に乗り込み、ご祭神が移された（「御霊《みたま》うつし」のされた）巨大な神輿を先導するかのように、行列の先頭を切り、街を突き抜けていった。

まだ朝方の、薄く霧かかり静まり返った街に、「大太鼓」に「締め太鼓」、笛、や「すり鉦＝あたり鐘」が奏でる、跳ねるような軽快なサウンドが響き渡る。いつもと変わらない街が、囃子連の奏する祭囃子のつむぎだす音によって、突如としてハレの空間に切り替わり、世界に彩りを与えるとともに、まだ眠気につつまれた空気を激しく揺さぶる。

「さあ、神輿のお通りだ！」とでも言わんばかりに、屋台は路地を切り裂いていく。祭囃子は団地や商店街、高層マンションに跳ね返り、リバーブをかけたように響き渡り、その音にびっくりした人々がガラガラと窓を開けて顔を出したり、ベランダに飛び出してくるのが楽しい。叩き起こされた人々は、一様に眠気の残る目をこすりながら、次第に笑顔と興奮の表情へと切り替わり、後からやってくる神輿の到来に心を踊らされ、通りに飛び出してきて、お捻《ひね》りを神輿に向かって振りまくのだ。

街がライブ会場となり、コンサートホールとなり、「音楽」になる瞬間。そしてこの音楽の生成空間に埋没した私も、「音楽」になる。私のこの原初的な経験は、「音楽の力」というものを身体に染み込ませることのできた、本書に至る思考の源泉となったと考えている。この感覚から逃れることができず、私は締め太鼓のバチを、ドラムスのスティックに持ちかえ、今でも「音楽」の創造の場に携わり続けることになった。インドのタール沙漠での研究も、トライブと呼ばれる少数民族の社会空間研究をしていたのが、いつの間にかそのトライブ達の世帯を訪れて「音楽する」楽士集団マーンガニヤールの研究へとスライドしていったのも、私が根底にこの「音楽する」ことに対する異常なこだわりをもって日々を過ごしてきたことが要因だろうと、今では思う。

つなぎ、うみだし、つたえる。

本書は、サウンド・アッサンブラージュという概念を切り口に、「音楽の力」と呼ばれてきたものを因数分解しながら、そのエネルギーの方途をいかに論理的に、民族誌的な記述が可能となるのか、その実験の端緒としての成果（の一部）である。本書の企画を出版にあたってくれたうつつ堂の杉田研人代表に最初に持っていった時に、「音楽を言葉にすることの意味ってなんだろう?」という宿題をいただいた。音楽は音楽としてその力を発揮するものであり、それが言葉になった時にはその力が失われてしまうのではないか、と。けだし、正論である。言葉を尽くしても表現できないからこそ、音楽なのだ、と。

しかし一方で、このつかみようのないエネルギーの一端でも諒解ことができたらのなら、言葉の世界でその輪郭を少しでも捉えることができるのならば、私たちが生きる世界の変革に向けた小さな一歩を踏み出せるのではないか、と考えた。私たちの社会の閉塞性の要因となっている分断や格差、人間中心主義的な世界像や優生思想など、豊かな他者性が閉ざされていく、また異質性や「禍々しいもの」、他界性への感度、情動性や身体性が忘失されていくようにみえるこの世界に、新たな彩りを与えることができるのではないか。

本書を編集し終わって、今このように感じている。モノ化し(客体化し)閉じ込めてしまった音楽を、再度ヒト/モノを超えた創造空間へと開いていき、「音楽の力」の発生の原点に戻り、私たちの生きる世界にもう一度可能性を与えることができるならば。たとえば、お囃子が鳴り響く街角や、カラオケの歌声が包み込むスナック空間に残されてきたような、包摂的で流動的な、境界が溶解し、はみ出し合う空間。そこにこそ、失われつつある豊かさを取り戻すヒントが溢れているのではないか。そんな思いで、本書は編まれた。

一方で、探究を進めていく段階で、私たちはどうしても「制度化」という言葉と向き合わざるを得なかった。確かに「音楽の力」は「危険」なのである。それは限りない開放＝解放へと、つまり創造の共同体に閉じられたコスモロジー（ノモス的世界）を破壊し、カオティックな領域へと、人々を誘う。だからこそ、管理し、統制し、制御し、支配しなければならない、と為政者や権力者たちは考えてきたのだろう。本書ではこの拮抗状態を、拡散性と凝集性とのせめぎ合いとして描いた。私たちはこの「音楽の力」としか言いようのない原初のエナジーと向き合いながら、再度この閉塞的な社会を開いていくための方途を模索していかなければならない一方、「社会的存在」としてのホモサピエンスが構築してきたノモスやポリティクスを完全に否定するのではなく、より良き生に向けた改編＝改変へと導いていこうとする、多様な実験を繰り返していかなければならない。それが人類の叡智でもあり、歴史的に蓄積されてきた試みでもあるのだから。

本書は、科学研究費（基盤B特設分野）「音楽の継承プロセスと非認知能力の拡張に関する人類学的研究：音、身体、情動」の成果の一つであるが、本来ならば「学術書」「報告書」としてアカデミックなサークルで循環するものであったものを、広く市井の皆様に触れてほしいとの思いで「一般書」の形態をとることになった。それを可能にしてくれたのはうつつ堂の存在だったことに間違いない。

また、私のわがままを聞いて、書き慣れない「一般書」に挑んでくれた執筆陣のメンバー、そして（私も含めて）それぞれの執筆者のフィールドでお世話になった多くの方々、本書の構築に向けた研究会でお力添えをいただいた西島千尋先生、本研究の期間中に逝去し、「芸能」とは何かを具体的に伝えようとしてくれた父・小西正捷に、心から感謝を捧げる。多くの人々の支え合い、混ざり合い、編み込み／編み込まれのアッサンブラージュがなかったら、本書は生まれなかった。願わくは、これを手に取ってくれた皆様一人一人が、「音楽になる」瞬間を心から楽しみつつ、その可能性を肌で感じながら、未来の世界に想いを馳せてもらえれば、望外の喜びである。

２０２４年１月
小西公大

あとがき

山本　達也（やまもと　たつや）　※第五章
1979 年生まれ　所属：静岡大学
主な業績：『舞台の上の難民―チベット難民芸能集団の民族誌』など
好きなミュージシャン：Nujabes, Bipul Chettri, the band apart など

石上　則子（いしがみ　のりこ）　※第六章
1952 年生まれ　所属：元東京学芸大学
主な業績：『「音楽づくり・創作」の授業デザイン：あすの授業に生かせるアイディアと授業展開』（2016 年、教育芸術社）『小学校音楽あそび 70』（2017 年、明治図書）など
好きなミュージシャン：宮田大（チェリスト）など

平田　晶子（ひらた　あきこ）　※第七章
1983 年生まれ　所属：東洋大学
主な業績：『ラオス山地民とラム歌謡：内戦を生き抜いた宗教・芸能実践の民族誌』（2023 年、風響社）
好きなミュージシャン：Sombat Simla, Jaran Manophet, Bodyslum, Palmy, Norah Jones, Frederic Chopin など

宮内　康乃（みやうち　やすの）　※第八章
1980 年生まれ　所属：作曲家、音楽パフォーマンスグループ「つむぎね」主宰
主な業績：第 6 回 JFC 作曲賞、Experimental sound art and performance festival 2008 最優秀賞、Prix Ars Electronica 2008 Honorary Mention 受賞など
好きなミュージシャン：たくさんいすぎてしぼれません…。

佐本　英規（さもと　ひでのり）　※第九章
1985 年生まれ　所属：筑波大学
主な業績：主著『森の中のレコーディング・スタジオ：混淆する民族音楽と周縁からのグローバリゼーション』（2021 年、昭和堂、第 39 回田邉尚雄賞・第 22 回日本オセアニア学会賞受賞）
好きなミュージシャン：ステファン・グラッペリ＆ジャンゴ・ラインハルト

＜執筆者紹介＞

小西　公大 (こにし　こうだい)　※編者（序章、第一章、補論、おわりに）
1975 年生まれ　所属：東京学芸大学
主な業績：『インドを旅する 55 章』（2021 年、共編、明石書店）、『人類学者たちのフィールド教育：自己変容に向けた学びのデザイン』（2021 年、共編、ナカニシヤ出版）、『萌える人類学者』（2021 年、共編、東京外国語大学出版会）など
好きなミュージシャン：The Artist Formerly Known As Prince, Steve Reich, Ravi Shankar, AC/DC, Radiohead, Muddy Waters など（僕をあっという間に「音楽」にしてくれるアーティストたちです）

大門　碧（だいもん　みどり）　※第二章
1982 年生まれ　所属：北海道大学
主な業績：『ショー・パフォーマンスが立ち上がる：現代アフリカの若者たちがむすぶ社会関係』（2015 年、春風社）など
好きなミュージシャン：Sean Paul, Ne-yo, Celine Dion, Michael Jackson, Dolly Parton, Juliana Kanyomozi, Paul Kafeero など（すべてウガンダの若者たちの身体をとおして知って好きになりました）

飯田　玲子（いいだ　れいこ）　※第三章
1982 年生まれ　所属：金沢大学
主な業績：主著は『インドにおける大衆芸能と都市文化―タマーシャーの踊り子による模倣と欲望の上演』（2020 年・ナカニシヤ出版）。同著作で、第 8 回南アジア学会賞を受賞。
好きなミュージシャン：Avicii、ELLEGARDEN、Hikaru Utada、Jazztronik、NEWS など（学生時代はビジュアルバンドの追っかけをやってました）

小林　史子（こばやし　ふみこ）　※第四章
1976 年生まれ　所属：玉川大学、洗足学園音楽大学ほか
主な業績：「『創作太鼓』の音楽的特性と音楽教育への応用：『三宅島神着神輿太鼓』の成立と伝承を事例として」(2022 年) 玉川大学芸術学部研究紀要 (第 13 号) など
好きなミュージシャン：フォーレ、ラヴェル、ドビュッシーなど。

うつつ堂の本

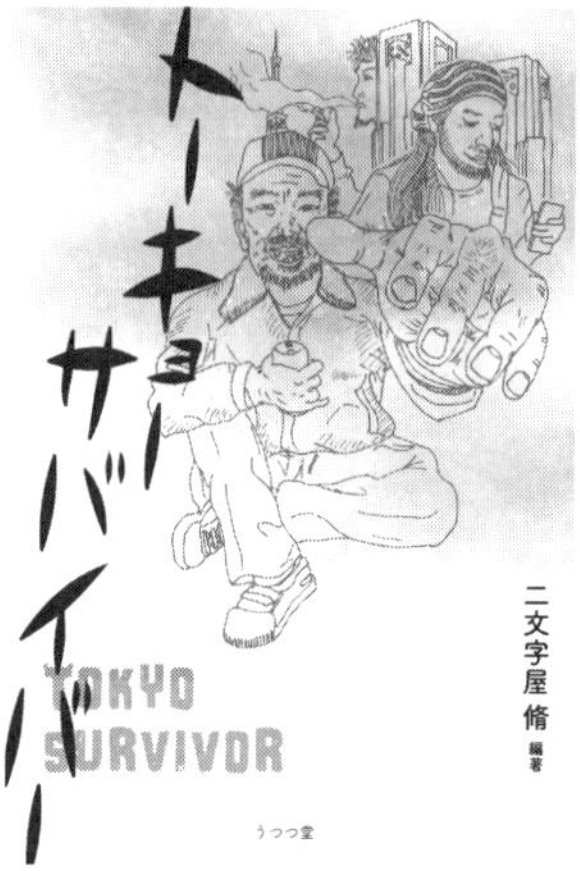

『トーキョーサバイバー』

二文字屋脩　編著

定価　2500円（税別）

ISBN：978-4-910855-00-4　C0036

東京の路上に暮らすホームレスと大学生が出会うことから始まったボランティアプロジェクト「トーキョーサバイバー」。そのささやかな交流を通じて学生メンバーが得た気づきを端緒に、わたしたち「ホーム」の側が無意識に「アタリマエ」だと理解してきたものを問い直す。その意味で本書は、ホームレスの本であって、ホームレスの本ではない。他者から自己の気づきを得るという人類学的な実践を通じて、ホーム／ホームレスの間に横たわる分断を乗り越えていくためのヒントを探る１冊。

そして私も音楽になった

— サウンド・アッサンブラージュの人類学

2024 年 2 月 9 日　第 1 刷発行

編著者　小西公大

発行者　杉田研人

発行所　合同会社うつつ堂

〒 160-0023

東京都新宿区西新宿 3-3-13　西新宿水間ビル 6 階［郵便受付］

〒 164-0011

東京都中野区中央 2-59-11　ヤマキビル 602［オフィス］

電話：080（5653）5797

問い合わせ先：info @ utsutsudou.com

URL：https://www.utsutsudou.com/

印刷　藤原印刷株式会社

製本　藤原印刷株式会社

ISBN 978-4-910855-01-1